Inhaltsverzeichnis

Vorwort

Goethe ist einer *der* Klassiker der deutschen Literatur. Entsprechend fordern die Lehrpläne, dass seine Werke im Unterricht behandelt werden. Und wer mit offenen Augen durch die Welt geht, wird merken, wie viele Sprüche, Verse und geflügelte Worte, die inzwischen längst für sich stehen, ursprünglich aus einem Werk von Goethe stammen. Die Schülerinnen und Schüler mit dem Werk dieses Dichters vertraut zu machen heißt also nicht, ihnen Schnee von vorgestern vorzusetzen, nur weil es gefordert wird, sondern sie teilhaben zu lassen an unserem gemeinsamen kulturellen Erbe.
Doch bei allen guten Vorsätzen muss man auch sehen, dass zwischen Goethes Werken und der heutigen Schülergeneration fast 200 Jahre liegen.
„Rund um Goethe" bietet deshalb eine Fülle von ganz unterschiedlichen Zugängen zum Schaffen des Dichters. Zum Beispiel ist es oftmals leichter, Schülerinnen und Schüler zur Beschäftigung mit einem vermeintlich längst verstaubten Text zu bewegen, wenn sie vorher selbst einen Entwurf zum entsprechenden Thema gemacht haben (siehe u. a. S. 63). Plötzlich will man dann nämlich doch wissen, wie der hochgelobte Dichter mit diesem Stoff umgegangen ist. Und dann scheint auch die Zeit, die über die Sprache hinweggegangen ist, plötzlich nicht mehr so trennend.
Aber auch die ganz banale Vermittlung von Techniken, die der Deutschunterricht z. T. als Methodenunterricht in Hilfsfunktion für alle Fächer übernommen hat, lässt sich mit Hilfe dieses Heftes mit Deutschschwerpunkt bewerkstelligen. Warum also nicht mal das Sortieren von Daten am Lebenslauf Goethes üben (S. 26 ff.), das Nachschlagen an Goethes Werken trainieren (S. 25) oder Kartenarbeit anhand seiner Reisen leisten lassen (S. 30 f.)?
Doch die Beschäftigung mit Leben und Werk Johann Wolfgang von Goethes muss nicht immer bierernst und staubtrocken sein. Buchstabengitter (S. 8 ff.), Textlabyrinthe (S. 6) und vertauschte Satzteile(S. 38) werden von Schülerinnen und Schülern als spielerische Abwechslung gern willkommen geheißen. Nebenher aber bewältigen sie eine Konzentrationsübung, schulen ihre Wahrnehmung für Wortbilder oder verbessern ihr Sprachgefühl.

Methodische Hinweise

Die Kopiervorlagen in diesem Heft können sowohl einzeln eingesetzt als auch zu Unterrichtseinheiten kombiniert werden. Dazu wurden die Kopiervorlagen zu Themenkreisen zusammengestellt. Da, wo die Textmenge es nötig macht, dass mehr als eine Seite für eine Aufgabe verwendet wird, wird der Hinweis „Fortsetzung auf Seite XX" bzw. „Fortsetzung von Seite XX" gegeben.
Welche Seiten Sie für Ihren Unterricht tatsächlich auswählen, hängt von verschiedenen Faktoren ab:

- Welchen Wissensstand haben die Schülerinnen und Schüler?
- Welche Differenzierung ist auf Grund der Leistungsunterschiede innerhalb der Klasse notwendig? (Unter Umständen lassen sich die verschiedenen Kopiervorlagen zur Binnendifferenzierung nutzen.)
- Welche Unterrichtsmethoden sind in der Klasse bisher schon eingeführt? (Zusammen mit den Lösungen lassen sich viele Arbeitsblätter für Gruppen- und Freiarbeit nutzen.)

Eine Empfehlung, welches Arbeitsblatt in welcher Klassenstufe eingesetzt werden sollte, möchten wir nicht geben. Grundsätzlich hatten wir bei der Konzeption die Mittelstufe vor Augen. Sicher können viele der Kopiervorlagen aber auch in der Unter- und in der Oberstufe verwendet werden. Durch die unterschiedliche Herangehensweise der einzelnen Altersstufen an bestimmte Aufgaben kann sich das Ergebnis dann zwar leicht unterscheiden, Gewinn bringend ist die Beschäftigung mit dem Thema aber trotzdem zu jeder Zeit.

Unterwegs sein oder zu Hause bleiben?

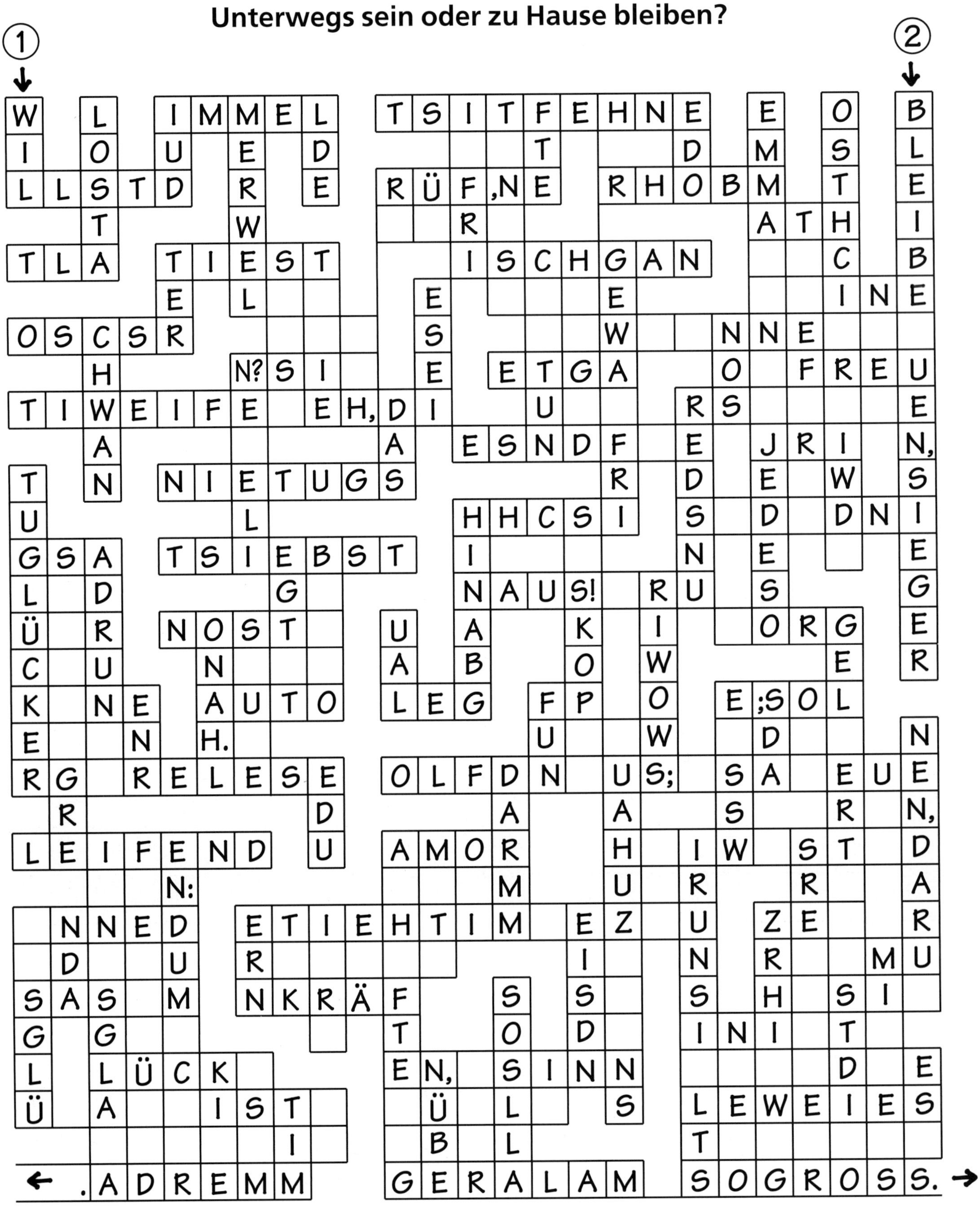

Kannst du auch von links nach rechts und von unten nach oben lesen?
Wenn du den Buchstaben vom Start bis zum Ziel mit den Augen folgst, kannst du zwei Gedichte von Goethe entziffern. Versucht es mit der Stoppuhr im Wettbewerb. Notiere die beiden Gedichte „Erinnerung" und „Wanderlied" Zeile für Zeile.

Fortsetzung auf Seite 7

Fortsetzung von Seite 6

❶ Erinnerung

Willst du ... ______________________________

❷ Wanderlied

Bleibe ... ______________________________

Aufgabe

1. Vergleicht die Botschaften der beiden Gedichte.
2. Trotz eines gewissen Gegensatzes gehören die beiden Gedichte zusammen.
   Sprecht über Unterschiede und Gemeinsamkeiten.
3. Was ist denn nun besser? Unterwegs zu sein oder zu Hause zu bleiben?

„Fünf Dinge" – ein Suchspiel

N	A	B	S	C	D	E	F	G	H	I	J	K	L	M	N	O	P
W	I	S	I	B	A	T	O	E	A	L	M	I	K	O	N	T	I
A	L	C	C	O	R	I	R	T	I	A	O	M	A	T	I	R	M
T	I	C	H	S	F	U	E	N	F	D	I	N	G	E	F	T	O
A	R	M	W	T	I	E	T	A	I	B	O	N	U	E	M	I	R
T	I	O	E	R	L	O	S	I	R	M	U	S	T	A	L	O	W
O	T	C	H	T	E	A	I	S	I	D	O	R	A	L	J	T	O
H	A	R	R	E	N	U	N	D	D	U	L	D	E	N	O	U	L
L	E	B	E	S	T	O	R	G	O	T	U	L	S	I	H	T	F
A	T	I	N	N	O	B	M	U	E	S	S	I	G	G	A	N	G
B	I	C	D	E	F	X	W	Z	S	B	T	U	V	W	N	L	A
S	G	W	Z	E	R	D	T	E	Z	R	E	R	I	S	N	G	N
I	K	E	A	I	S	H	V	I	U	E	H	S	C	C	H	O	G
T	E	I	S	I	N	F	L	K	I	E	O	D	I	O	T	E	E
E	I	N	N	E	E	L	R	E	R	D	E	R	B	N	E	T	H
R	T	D	R	N	N	N	L	B	E	C	A	S	E	I	N	H	A
N	S	A	R	E	K	S	A	F	U	R	H	S	N	W	I	E	S
V	E	T	E	M	R	N	C	U	H	O	G	E	N	L	U	S	N

Mit ein wenig Geduld findet ihr auch den Namen des Dichters.

*Ü = UE
Ä = AE
ß = SS

Was verkürzt mir die Zeit?

... ______________________________

Was macht sie unerträglich lang?

... ______________________________

Was bringt in Schulden?

... ______________________________

Was macht gewinnen?

... ______________________________

Was bringt zu Ehren?

... ______________________________

Fünf Fragen stellt der Dichter. Die Antworten sind in dem Buchstabenfeld versteckt, und zwar diagonal, waagerecht und senkrecht. Sucht sie und ordnet sie den Fragen richtig zu.

* Wenn eine Antwort aus mehreren Wörtern besteht, sind diese im Buchstabenfeld aneinander geschrieben.

12 Balladen – ein Suchspiel

D	E	R	S	C	H	A	T	Z	G	R	A	E	B	E	R	J	O	H
A	I	D	N	N	D	E	R	S	A	E	N	G	E	R	W	O	L	F
G	A	E	E	N	G	G	I	O	E	T	H	E	Z	L	W	O	E	L
F	B	A	W	R	L	L	A	D	D	D	E	N	W	K	E	J	I	M
A	R	C	H	A	Z	H	R	I	E	S	T	I	A	O	N	O	E	V
U	L	P	O	I	N	A	U	S	R	N	W	A	S	E	H	H	O	E
R	I	C	C	H	D	D	U	R	K	A	R	U	S	N	S	A	E	N
V	O	R	H	D	E	M	E	B	O	T	O	O	R	I	W	N	A	S
A	U	D	Z	D	D	E	R	L	E	B	R	U	E	G	E	N	C	K
T	O	T	E	N	T	A	N	Z	N	R	E	N	L	S	A	A	S	S
E	S	C	I	R	H	A	L	L	I	D	L	T	D	E	L	S	N	G
E	S	A	T	N	F	G	V	O	G	R	E	E	M	E	I	E	N	E
M	O	H	S	R	I	I	M	S	I	A	A	G	H	L	E	B	I	W
I	D	E	L	R	H	S	S	A	N	L	L	E	L	R	N	U	H	N
A	T	D	I	E	R	A	O	C	T	L	T	E	H	O	L	S	B	X
E	N	M	E	I	S	T	E	R	H	S	I	C	H	D	C	I	O	C
H	W	I	D	E	D	E	R	W	U	E	E	G	B	E	G	K	N	E
B	E	N	A	R	M	A	M	B	L	E	R	T	E	L	A	N	E	G
D	E	R	G	E	T	R	E	U	E	E	C	K	H	A	R	T	O	K

* Ä = AE, Ö = OE

1. ____________________

____

____

____

____

____

____

____

Aufgabe

In diesem Buchstabenfeld sind die Titel von 12 bekannten Goethe-Balladen versteckt, und zwar vier waagerecht, vier senkrecht und vier diagonal. Sucht sie und notiert sie.
Einige Balladen sind vertont. Besorgt euch Kassetten oder CDs und hört sie euch (im Musikunterricht?) an.

Elf Titel – ein Suchspiel

Q	W	A	W	Q	D	H	I	U	O	P	D	S	A	Q	Z	M	S	J	O	L	O	I	K	L	Ö	K	W
D	F	G	I	J	K	I	L	O	Q	P	N	Y	S	C	V	G	T	T	R	E	W	Q	H	Z	J	Q	J
D	I	E	L	E	I	D	E	N	D	E	S	J	U	N	G	E	N	W	E	R	T	H	E	R	S	T	U
J	H	J	H	G	F	T	N	W	S	A	U	I	O	P	U	G	F	D	A	L	V	C	R	B	G	T	J
M	B	C	E	J	S	D	F	G	A	D	T	Z	J	G	O	H	J	R	T	A	L	S	M	D	F	G	H
B	E	C	L	X	Y	Q	B	Ö	Q	H	Ä	N	B	G	L	N	K	B	W	X	Y	A	A	N	H	N	M
M	N	G	M	V	C	V	B	N	B	N	L	Q	I	I	U	I	Z	T	R	E	W	E	N	D	F	V	B
Q	L	R	M	T	Z	U	I	P	C	V	C	V	V	Q	P	L	K	H	J	A	S	D	N	Q	D	G	N
L	A	S	E	O	G	Q	N	M	H	Z	A	Q	E	G	T	R	E	W	M	H	F	A	U	S	T	V	Y
X	Y	Q	I	Q	N	I	K	J	U	L	H	Z	T	R	M	N	V	C	F	T	U	U	N	Z	L	J	Q
A	S	A	S	L	Z	T	Z	T	C	I	O	M	N	M	W	Q	T	Z	U	H	K	L	D	Q	F	S	L
B	G	Q	T	L	M	N	V	C	C	X	R	N	Ö	P	W	A	O	P	Q	I	T	E	D	D	E	G	I
A	S	D	E	G	H	J	K	L	Ü	P	I	O	N	A	P	L	N	Ö	K	H	I	J	O	K	L	Y	Ä
Q	T	O	R	Q	U	A	T	O	T	A	S	S	O	J	H	G	F	D	H	G	H	Z	R	J	M	J	M
M	U	Q	S	M	J	N	B	C	X	Q	V	C	V	M	N	U	Ä	S	T	O	Q	Q	O	O	Ö	W	C
B	Z	U	L	J	U	J	I	Ä	A	C	X	Y	U	Q	W	E	S	T	R	S	Z	Q	T	U	Z	N	J
Q	G	O	E	T	Z	V	O	N	B	E	R	L	I	C	H	I	N	G	E	N	C	Q	H	Q	Q	Q	Q
V	N	M	H	C	X	Y	S	T	U	O	Ü	O	L	W	E	R	M	I	Z	J	U	H	E	J	H	H	G
P	Z	G	R	H	J	K	L	Ö	Y	X	C	V	B	G	B	H	N	R	T	Z	W	E	A	Q	R	T	Z
Ö	L	Q	J	Ö	O	I	U	M	W	S	D	T	T	Z	P	Q	Y	Q	X	C	F	B	H	F	M	L	L
K	F	Q	A	H	O	L	P	T	S	B	Q	O	L	A	X	U	K	U	L	W	R	Z	O	Q	T	Q	M
L	I	P	H	I	G	E	N	I	E	A	U	F	T	A	U	R	I	S	Q	L	J	F	E	I	N	E	Q
J	F	D	R	I	L	A	I	B	Q	C	Ü	A	S	K	J	F	Ö	M	H	W	U	K	Q	T	R	T	N
G	Q	L	E	P	Q	S	K	Y	X	N	P	Q	C	L	H	G	V	B	U	E	T	O	Ö	Z	U	K	H

Aufgabe

1. In diesem Rätsel sind elf wichtige Werke Goethes versteckt. Welche?
2. Finde heraus, ob es sich jeweils um einen Roman, ein Theaterstück oder ein anderes Werk handelt.

Fabellabyrinth

E	S	E	R	T	I	F	E	R	R	U	A	K	E	N
H	I	S	O	E	E	C	T	N	E	Q	H	C	N	E
L	C	N	G	R	N,	R	H	H	R	P	S	O	V	R
E	S	Ö	R	F	D		O	W	C	I	E	N,	P	S
I	N,	I	N	E	I	R	A	I	N	G	A	R	E	N
T	R	D	E	E	F	R	U	N	N	C	L	L	O	W
I	E	V	R	G	Z	D	C	R	E	T	H	A	L	L
E	F	E	L	U	N,	H	A	I	F	E	G	E	T	E
F	M,	U	O	E	R	E	B	S	N	I	N	S	I	S
Ä	N	D	A	R	I	M	H	N	H	T	D	N.	I	K
S	N	E	R	T	N	A	E	A	C	E	E	N	D	A
E	I	U	R	E	L	I	W	T	R	U	G	N	D	M,
T	N	A	D	B	R	A	U	M,	A	W	I	Z	A	S
U	I	E	O	E	N	T	E	D	N	A	E	S	E	Z,
D	N	W	R	B	N	E	O	L	L	R	H	I	L	N
W	B	R	E	E	S	T	Z	D	S	C	M	O	R	U
I	N	E	T	I	F	U	U	N	U	E	I	U	D	N
E	V	O	K	Q	T	U	M	N	D	S	A	S	N	E
A	R	E	A	U	D	N	A	N	E	S	S	E	T	R
L	T	R	Z	E	I	T.								

Aufgabe

1. In diesem Buchstabenfeld versteckt sich eine bekannte Fabel von Goethe.
   Wer kann die Fabel lesen, ohne zu stocken lesen – und ohne den Finger zu Hilfe zu nehmen?
2. Übertragt die Tierfabel in menschliche Situationen: gute Vorsätze zum Jahreswechsel, gute Vorsätze eines Rauchers nach einem Arztbesuch, eines Schülers nach einem schlechten Zeugnis usw.

Anekdoten rund um Goethe

Eines Tages ging Goethe auf einem schmalen Pfad im Park von Weimar spazieren. Nur eine Person hatte darauf Platz. An einer Biegung kam ihm ein Kunstkritiker entgegen, der mit des Dichters Werken nicht gerade sanft umgesprungen war. Auf Schrittabstand sagte der Kritiker mit beißendem Hohn von oben herab:
„Ich weiche keinem Narren aus!"
Zur Seite tretend sagte daraufhin Goethe spöttisch lächelnd: „Aber ich!"

●●●

Goethe und Schiller hatten die „Xenien" (das sind kurze Sinngedichte) als Gemeinschaftsarbeit geschrieben und verabredet, über die Urheberschaft einzelner Teile keine Auskunft zu geben.
„Welche Verslein sind eigentlich von Ihnen, Herr Geheimrat?", erkundigte sich eines Tages der Herzog bei Goethe.
„Alle, die nicht von Schiller sind", entgegnete Goethe.

●●●

Goethe sah einmal die Schauspielerin *Caroline Jagemann* seine „Iphigenie" spielen. Es war am Abend nach einem Ball, und da die Künstlerin die ganze Nacht nicht geschlafen hatte, war ihre Darstellung höchst mangelhaft.
„Was sagen Sie zu dieser Iphigenie?", fragte ein Freund.
Goethe erwiderte: „Wenn sie nicht für ihr ganzes Leben hier in Weimar engagiert wäre, dann würde ich sagen: Die jage man!"

●●●

Goethe kehrte einmal in einem Gasthaus ein und ließ sich eine halbe Flasche Wein bringen, den er mit Wasser mischte.
An einem Tisch in seiner Nähe ging es laut zu. Zahlreiche geleerte Weinflaschen legten Zeugnis davon ab, dass die Herren dem Rebensaft schon reichlich zugesprochen hatten. Einer von ihnen erdreistete sich sogar zu der Frage an den Dichter, warum er den köstlichen Wein mit gemeinem Wasser verdünne. Da gab Goethe mit folgenden Versen Auskunft:

Wasser allein macht stumm,
Das beweisen im Teiche die Fische.
Wein allein macht dumm,
Das beweisen die Herrn dort am Tische.
Und da ich keines von beiden will sein,
Gieß in den Wein ich Wasser hinein!

Aufgabe

1. Lest die Anekdoten. Macht euch Inhalt und Form dieser Textsorte an den Beispielen klar.
   Vergleicht die Merkmale eurer Begriffsbestimmung mit einem Lexikonbeitrag oder der Begriffsbestimmung im Lösungsteil, S. 78.
2. Welche Charakterzüge Goethes zeigen sich in den Anekdoten?
3. Schreibt lustige oder traurige Geschichten über originelle Lehrer oder schrullige Verwandte.

Anekdote

„Da habe ich mich ja umsonst besoffen"

Diese Anekdote ereignete sich am 27. August 1818 in Karlsbad.

Der treue Diener Goethes, Karl, erhält am 27. August früh Befehl, zwei Flaschen Rotwein nebst zwei Gläsern heraufzubringen und in den gegenüberliegenden Fenstern aufzustellen. Nachdem dies geschehen, beginnt Goethe seinen Rundgang im Zimmer, wobei er in angemessenen Zwischenräumen an einem Fenster stehen bleibt, dann am anderen, um jedes Mal ein Glas zu leeren. Nach geraumer Zeit tritt Rehbein, Goethes Arzt, der ihn nach Karlsbad begleitet hatte, ein.

Goethe: Ihr seid mir ein schöner Freund! Was für einen Tag haben wir heute und welches Datum?
Rehbein: Den 27. August, Exzellenz.
Goethe: Nein, es ist der 28. und mein Geburtstag.
Rehbein: Ach was, den vergess ich nie; wir haben den 27.
Goethe: Das ist nicht wahr! Wir haben den 28.
Rehbein (determiniert): Den 27.!
Goethe (klingelt, Karl tritt ein): Was für ein Datum haben wir heute?
Karl: Den 27., Exzellenz.
Goethe: Dass dich – Kalender her! (Karl bringt den Kalender).
Goethe (nach langer Pause): Donnerwetter! Da habe ich mich ja umsonst besoffen!

Aufgabe

1. Bereitet die Anekdote für eine Aufführung als Sketch vor.
   Schreibt den ersten Absatz für die Bühne um.
   Besorgt die notwendigen Requisiten.
   Verteilt die Rollen.
2. Führt den Sketch beim Schulfest, einem Elternabend o. Ä. vor.

Schattenriss

Zu Goethes Zeit waren Schattenrisse sehr populär.

Aufgabe

1. Setze den Schattenriss von Goethes Kopf zusammen.
2. Erstellt einen Schattenriss von eurem Kopf.
   Dabei geht ihr so vor:
   A Heftet ein Stück Papier an die Wand.
   B Projiziert mit Hilfe einer Lampe oder eines Diaprojektors den Schatten eines Kopfes auf das Papier.
   C Zieht die Umrisslinien nach.
   D Schneidet den Schattenriss aus.

Aus der Biografie eines Dichters

Am 28. August 1749, mittags mit dem Glockenschlage zwölf, kam ich in Frankfurt am Main auf die Welt.

Durch Ungeschicklichkeit der Hebamme kam ich für tot auf die Welt und nur durch vielfache Bemühungen brachte man es dahin, dass ich das Licht erblickte. Dieser Umstand, welcher die Meinigen in große Not versetzt hatte, gereichte jedoch meinen Mitbürgern zum Vorteil, indem mein Großvater, der Schultheiß Johann Wolfgang Textor, daher Anlass nahm, dass ein Geburtshelfer angestellt und der Hebammenunterricht eingeführt oder erneuert wurde; welches dann manchem der Nachgebornen mag zugute gekommen sein.

Wenn man sich erinnern will, was uns in der frühsten Zeit der Jugend begegnet ist, so kommt man oft in den Fall, dasjenige, was wir von andern gehört, mit dem zu verwechseln, was wir wirklich aus eigner anschauender Erfahrung besitzen. Ohne also hierüber eine genaue Untersuchung anzustellen, welche ohnehin zu nichts führen kann, bin ich mir bewusst, dass wir in einem alten Hause wohnten, welches eigentlich aus zwei durchgebrochenen Häusern bestand. Eine turmartige Treppe führte zu unzusammenhängenden Zimmern und die Ungleichheit der Stockwerke war durch Stufen ausgeglichen. Für uns Kinder, eine jüngere Schwester und mich, war die untere weitläuftige Hausflur der liebste Raum, welcher neben der Türe ein großes hölzernes Gitterwerk hatte, wodurch man unmittelbar mit der Straße und der freien Luft in Verbindung kam. Einen solchen Vogelbauer, mit dem viele Häuser versehen waren, nannte man ein Geräms. Die Frauen saßen darin, um zu nähen und zu stricken; die Köchin las ihren Salat; die Nachbarinnen besprachen sich von daher miteinander und die Straßen gewannen dadurch in der guten Jahreszeit ein südliches Ansehen. Man fühlte sich frei, indem man mit dem Öffentlichen vertraut war. So kamen auch durch diese Gerämse die Kinder mit den Nachbarn in Verbindung und mich gewannen drei gegenüber wohnende Brüder von Ochsenstein, hinterlassene Söhne des verstorbenen Schultheißen, gar lieb und beschäftigten und neckten sich mit mir auf mancherlei Weise.

Die Meinigen erzählten gern allerlei Eulenspiegeleien, zu denen mich jene sonst ernsten und einsamen Männer angereizt. Ich führe nur einen von diesen Streichen an. Es war eben Topfmarkt gewesen und man hatte nicht allein die Küche für die nächste Zeit mit solchen Waren versorgt, sondern auch uns Kindern dergleichen Geschirr im Kleinen zu spielender Beschäftigung eingekauft. An einem schönen Nachmittag, da alles ruhig im Hause war, trieb ich im Geräms mit meinen Schüsseln und Töpfen mein Wesen, und da weiter nichts dabei herauskommen wollte, warf ich ein Geschirr auf die Straße und freute mich, dass es so lustig zerbrach. Die von Och-

Goethes Elternhaus in Frankfurt

Goethes Mutter.
Pastell von Georg Oswald May. 1776

Goethes Vater.
Aquarellminiatur von Georg Friedrich Schmoll. 1774

Fortsetzung auf Seite 16

Fortsetzung von Seite 15

senstein, welche sahen, wie ich mich daran ergetzte, dass ich so gar fröhlich in die Händchen patschte, riefen: „Noch mehr!“ Ich säumte nicht, sogleich einen Topf, und auf immer fortwährendes Rufen: „Noch mehr!“nach und nach sämtliche Schüsselchen, Tiegelchen, Kännchen gegen das Pflaster zu schleudern. Meine Nachbarn fuhren fort, ihren Beifall zu bezeigen, und ich war höchlich froh, ihnen Vergnügen zu machen. Mein Vorrat aber war aufgezehrt und sie riefen immer: „Noch mehr!“ Ich eilte daher stracks in die Küche und holte die irdenen Teller, welche nun freilich im Zerbrechen noch ein lustigeres Schauspiel gaben und so lief ich hin und wider, brachte einen Teller nach dem andern, wie ich sie auf dem Topfbrett der Reihe nach erreichen konnte, und weil sich jene gar nicht zufrieden gaben, so stürzte ich alles, was ich von Geschirr erschleppen konnte, in gleiches Verderben. Nur später erschien jemand, zu hindern und zu wehren. Das Unglück war geschehen und man hatte für so viel zerbrochene Töpferware wenigstens eine lustige Geschichte, an der sich besonders die schalkischen Urheber bis an ihr Lebensende ergetzten.

Aufgabe

Goethe hat in „Dichtung und Wahrheit“ sein ganzes Leben ausführlich beschrieben.

1. Lies den Anfang seiner Biografie.
2. Fasse zusammen, was Goethe im Rückblick auf seine Kindheit interessant und mitteilungswert erscheint.
3. Wodurch wird die Beschreibung der Räume und Gegenstände lebendig und anschaulich?

Goethes Familie

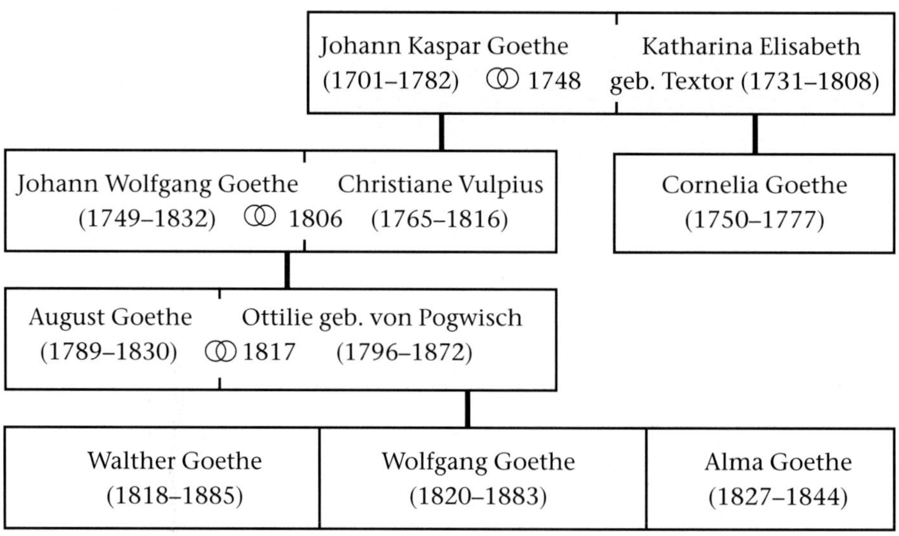

Goethes Leben

Johann Wolfgang Goethe ist am 28. August 1749 in Frankfurt a. Main geboren. Sein Vater, ein hochgebildeter und weit gereister Mann, dem der Besitz eines ansehnlichen Vermögens ein Leben ohne Berufsausübung ermöglichte, unterrichtete den aufgeweckten Knaben in der Hauptsache selbst. Mit 16 Jahren bezog Goethe die Universität in Leipzig, um auf Wunsch seines Vaters Rechtswissenschaft zu studieren. Nach längerer Krankheit ging er 1770 nach Straßburg, wo er sein Jurastudium abschloss. Unter dem Einfluss Herders kam sein dichterisches Genie erst hier zum Durchbruch. Von 1771 bis 1775 arbeitete Goethe als Anwalt in Frankfurt und am Reichskammergericht in Wetzlar. In dieser Zeit des sog. Sturm und Drangs entstanden neben Hymnen die beiden Werke, die seinen Dichterruhm begründeten: „Götz von Berlichingen" und „Die Leiden des jungen Werthers". 1775 wurde Goethe an den Fürstenhof nach Weimar berufen. Dort leitete er von 1782 bis 1786 als Erster Minister Heerwesen, Bergbau, Wegebau, Finanzen, Staatsgüter und Forsten. 1786 brach er fluchtartig zu einer Italienreise auf. Er vollendete die Dramen „Egmont" und „Iphigenie", arbeitete an „Faust" und „Tasso" und gewann unter dem Einfluss der antiken Kunst eine klare Kunstanschauung. Wieder in Weimar, widmete er sich wissenschaftlichen Studien (Farbenlehre, Botanik).
Neuen Auftrieb brachte die Freundschaft mit Schiller.

1806 heiratete Goethe Christiane Vulpius. „Die Wahlverwandtschaften", „Wilhelm Meisters Lehr- und Wanderjahre", „Dichtung und Wahrheit" gehören zu Goethes Prosawerken. Im „West-östlichen Diwan" entwickelte Goethe in 250 Gedichten den Gedanken, dass Orient und Okzident nicht mehr zu trennen sind. Die letzten Lebensjahre widmete Goethe der Vollendung seines Faust-Werkes.

Goethe starb am 22. März 1832.

Vom Vater hab ich die Statur,
des Lebens ernstes Führen,
vom Mütterchen die Frohnatur
und Lust zu fabulieren.

Aufgabe

Lies den kurzen Abriss von Goethes Lebenslauf und stelle die wichtigsten Fakten und Daten in einer Tabelle zusammen (= tabellarischer Lebenslauf):

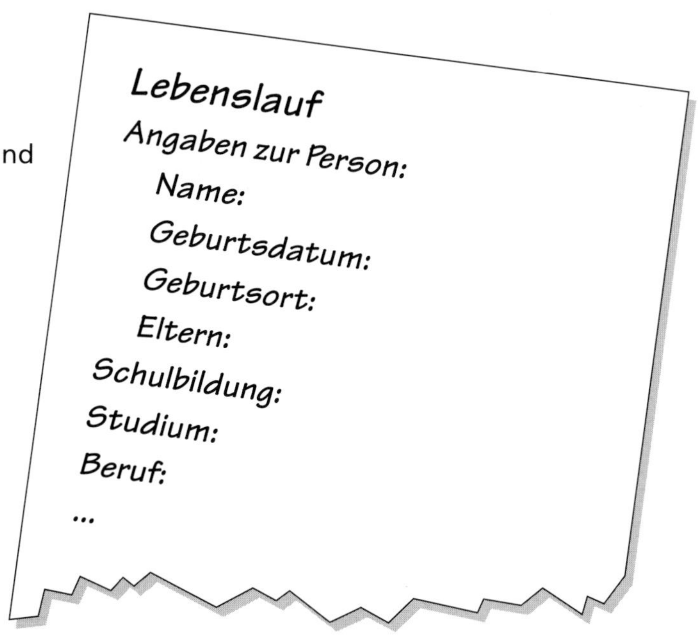

Das Haus am Frauenplan

Goethes Wohnhaus am Frauenplan in Weimar

Kanzler Friedrich von Müller, von Goethe als Testamentsvollstrecker eingesetzt, ließ nach des Dichters Tod das Inventar des Arbeitszimmers aufnehmen; danach wurden die privaten Räumlichkeiten des Hinterhauses versiegelt. In seinem Testament vom 6. Januar 1831 hatte Goethe die drei Enkel als Universalerben eingesetzt und bis zu deren Volljährigkeit Vormünder ernannt. Ottilie von Goethe, der Witwe des 1830 in Rom verstorbenen Goethe-Sohnes August, wurde „freie Wohnung und Gartengenuß" zugesichert; sie bezog das „Urbino"- und das „Junozimmer", die zu den von ihr seit langem bewohnten Räumen in der Mansarde hinzukamen. Die Goetheschen Kunstsammlungen wurden in den östlich gelegenen Räumen des ersten Geschosses, im „Sammlungs"- und „Majolikazimmer", magaziniert; die mittleren Räume vermietete die Familie.

1839 siedelte Ottilie nach Wien über; erst 1870 kehrte sie in die kleine Mansardwohnung zurück, wo sie am 18. Oktober 1872 starb. Das Haus am Frauenplan vereinsamte und nahm im Laufe der Jahrzehnte immer mehr den Charakter einer verschlossenen Festung an. Die Enkel Walther und Wolfgang, Dichter der eine, Komponist der andere, mieden die erinnerungsschweren Räumlichkeiten des großen Stadthauses. Friedrich Wilhelm Riemer und Johann Peter Eckermann, die beiden letzten Adlaten Goethes, die in Ausnahmefällen Besucher in die ansonsten verschlossenen Räumlichkeiten des Goethehauses führten, starben 1845 bzw. 1854, wonach das Haus für Fremde fast ganz unzugänglich wurde.

Walther und Wolfgang von Goethe, deren Schwester Alma schon 1844 in Wien gestorben war, wurden von der Mitwelt gemessen an der Elle des übermächtigen Großvaters, woran sie künstlerisch scheiterten und menschlich zerbrachen. Wolfgang starb 1883, Walther zwei Jahre später. Beide waren unvermählt geblieben und hatten keine Nachkommen. Walther von Goethe vermachte in seinem Testament das Haus am Frauenplan und die Sammlungen dem Staat Sachsen-Weimar-Eisenach. Noch im Jahr seines Todes 1885 erfolgte die Gründung des Goethe-Nationalmuseums. Damit konnte das schon längst legendäre Goethehaus endlich seine Türen für die Besucher öffnen. Karl Immermanns Wunsch, den er 1837 nach einem Besuch am Frauenplan geäußert hatte, ließ sich nunmehr erfüllen: „Hierher soll man junge Leute führen, damit sie den Eindruck eines soliden, redlich verwandten Daseins gewinnen. Hier soll man sie drei Gelübde ablegen lassen, das des Fleißes, der Wahrhaftigkeit, der Konsequenz."

Seit langem bereits kommen jährlich etwa 300 000 bis 400 000 Besucher in das historische Wohnhaus des Dichters; wie man in Athen die Akropolis oder in Rom die Peterskirche bewundert, so pilgert man in Weimar zum Frauenplan, um Goethes Haus zu durchwandeln. Angesichts dieser Besucherströme kann es jenen angst und bange werden, deren allererste Aufgabe es ist, Goethes Hinterlassenschaft zu schützen und zu bewahren, um sie künftigen Generationen möglichst unbeschadet weiterzugeben. Wer sich dieser schweren und verantwortungsvollen Aufgabe stellt, wünschte zuzeiten, dass den drei Immermannschen Gelübden ein viertes hinzugefügt werde: das der Ehrfurcht vor dem Überlieferten.

Das Junozimmer in Goethes Wohnhaus

Aufgabe

1. Gliedere den Sachtext nach den Gesichtspunkten: Familienbesitz – Nationalmuseum – internationale Kulturstätte.
2. Beschafft euch Werbematerial über die Gedenkstätten des klassischen Weimar, 1999 zum Weltkulturerbe erhoben. Gestaltet gemeinsam eine Pinnwand oder eine Montage zum Thema: Goethe und das klassische Weimar.

Blick vom Straßburger Münster

Ich war im Wirtshaus „Zum Geist"abgestiegen und eilte sogleich, das sehnlichste Verlangen zu befriedigen und mich dem Münster zu nähern, welches durch Mitreisende mir schon lange gezeigt und eine ganze Strecke her im Auge geblieben war.

Als ich nun erst durch die schmale Gasse diesen Koloss gewahrte, sodann aber auf dem freilich sehr engen Platz allzu nah vor ihm stand [illegible] rselbe auf mich einen Eindruck ganz ei [illegible] n ich aber, auf der Stelle zu entwickeln [illegible] r diesmal nur dunkel mit mir nahm, [illegible] as Gebäude eilig bestieg, um nicht de [illegible] Augenblick einer hohen und heiteren S [illegible] äumen, welche mir das weite reiche Lan [illegible] l offenbaren sollte.

Und so sah ich denn von der [illegible] schöne Gegend vor mir, in welcher ich [illegible] ng wohnen und hausen durfte: (im C [illegible] ehnliche Stadt, die weit umher liegenden, mit herrlichen dichten Bäumen besetzten und durchflochtenen Auen, diesen auffallenden Reichtum der Vegetation, der, dem Laufe des Rheines folgend, die Ufer, Inseln und Werder bezeichnet.

Nicht weniger mit mannigfaltigem Grün geschmückt ist der von *Süden* herab sich ziehende flache Grund, welchen die Iller bewässert.

Selbst *westwärts*, nach dem Gebirge zu, finden sich manche Niederungen, die einen ebenso reizenden Anblick von Wald und Wiesenwuchs gewähren, so wie der *nördliche*, mehr hügelige Teil von unendlichen kleinen Bächen durchschnitten ist, die überall ein schnelles Wachstum begünstigen.

Denkt man sich nun zwischen diesen üppig ausgestreckten Matten, zwischen diesen fröhlich ausgesäten Hainen alles zum Fruchtbau schickliche Land trefflich bearbeitet, grünend und reifend und die besten und reichsten Stellen desselben durch Dörfer und Meierhöfe bezeichnet, und eine solche große und unübersehliche, wie ein neues Paradies für den Menschen recht vorbereitete Fläche näher und ferner von teils angebauten, teils waldbewachsenen Bergen begrenzt; so wird man das Entzücken begreifen, mit dem ich mein Schicksal segnete, das mir für einige Zeit einen so schönen Wohnplatz bestimmt hatte. Ein solcher frischer Anblick in ein neues Land, in welchem wir uns eine Zeit lang aufhalten sollen, hat noch das Eigene, so Angenehme als Ahnungsvolle, dass das Ganze wie eine unbeschriebene Tafel vor uns liegt. Noch sind keine Leiden und Freuden, die sich auf uns beziehen, darauf verzeichnet; diese heitere bunte, belebte Fläche ist noch stumm für uns; das Auge haftet nur an den Gegenständen, insofern sie an und für sich bedeutend sind.

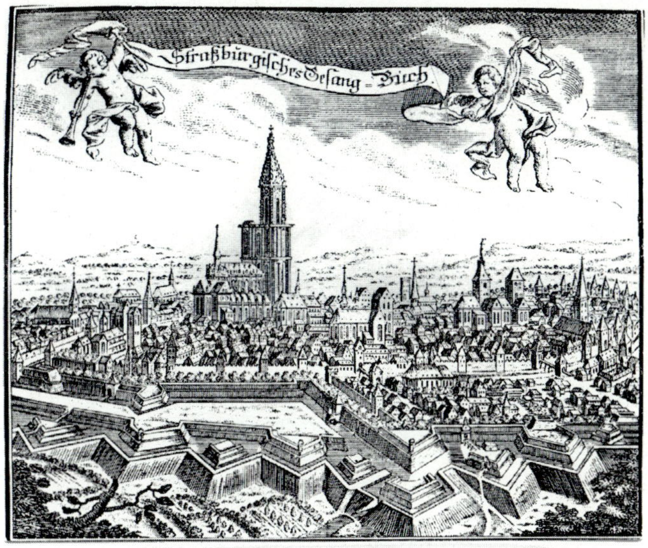

Blick auf Straßburg. Nach Merian, Topographia Alsatiae, 1663

Aufgabe

1. Ordne die Textabschnitte nach ihrer Struktur:
   A. Einleitung:
   B. Hauptteil:
   C. Schluss:
2. Unterstreiche alle Adjektive, Adverbien, Partizipien (Präsens und Perfekt). Welche Rolle spielen sie in der Beschreibung?
3. Versuche dich in einer Landschaftsbeschreibung von einem erhöhten Standpunkt aus (Hochhausfenster, Turm, Berggipfel ...).

Goethes Gedanken zur deutschen Einheit

„Mir ist nicht bange, dass Deutschland nicht eins werde; unsere guten Chausseen und künftigen Eisenbahnen werden schon das ihrige tun. Vor allem aber sei es eins in Liebe untereinander und immer sei es eins gegen den auswärtigen Feind. Es sei eins, dass der deutsche Taler und Groschen im ganzen Reich gleichen Wert habe; eins, dass mein Reisekoffer durch alle sechsunddreißig Staaten ungeöffnet passieren könne. Es sei eins, dass der städtische Reisepass eines weimarischen Bürgers von den Grenzbeamten eines großen Nachbarstaates nicht für unzulänglich gehalten werde als der Pass eines *Ausländers*. Es sei von Inland und Ausland unter deutschen Staaten überall keine Rede mehr. Deutschland sei ferner eins in Maß und Gewicht, in Handel und Wandel und hundert ähnlichen Dingen, die ich nicht alle nennen kann und mag.

Johann Peter Eckermann, Kreidezeichnung von Joseph Schmeller (Ausschnitt)

Wenn man aber denkt, die Einheit Deutschlands bestehe darin, dass das sehr große Reich eine einzige große Residenz habe und dass diese eine große Residenz wie zum Wohl der Entwickelung einzelner großer Talente, so auch zum Wohl der großen Masse des Volkes gereiche, so ist man im Irrtum.

Wodurch ist Deutschland groß als durch eine bewundernswürdige Volkskultur, die alle Teile des Reichs gleichmäßig durchdrungen hat. Sind es aber nicht die einzelnen Fürstensitze, von denen sie ausgeht und welche ihre Träger und Pfleger sind? – Gesetzt, wir hätten in Deutschland seit Jahrhunderten nur die beiden Residenzstädte Wien und Berlin oder gar nur eine, da möchte ich doch sehen, wie es um die deutsche Kultur stände, ja auch um einen überall verbreiteten Wohlstand, der mit der Kultur Hand in Hand geht.

Deutschland hat über zwanzig im ganzen Reich verteilte Universitäten und über hundert ebenso verbreitete öffentliche Bibliotheken, an Kunstsammlungen und Sammlungen von Gegenständen aller Naturreiche gleichfalls eine große Zahl; denn jeder Fürst hat dafür gesorgt, dergleichen Schönes und Gutes in seine Nähe heranzuziehen. Gymnasien und Schulen für Technik und Industrie sind im Überfluss da; ja, es ist kaum ein deutsches Dorf, das nicht seine Schule hätte.

Deutsches Nationaltheater in Weimar (Ausschnitt)

Und wiederum die Menge deutscher Theater, deren Zahl über siebenzig hinausgeht und die doch auch als Träger und Beförderer hoher Volksbildung keineswegs zu verachten. Der Sinn für Musik und Gesang und ihre Ausübung ist in keinem Lande verbreitet wie in Deutschland, und das ist auch etwas! –

Nun denken Sie aber an Städte wie Dresden, München, Stuttgart, Kassel, Braunschweig, Hannover und ähnliche; denken Sie an die großen Lebenselemente, die diese Städte in sich selbst tragen; denken Sie an die Wirkungen, die von ihnen auf die benachbarten Provinzen ausgehen, und fragen Sie sich, ob das alles sein würde, wenn sie nicht seit langen Zeiten die Sitze von Fürsten gewesen. –

Frankfurt, Bremen, Hamburg, Lübeck sind groß und glänzend, ihre Wirkungen auf den Wohlstand von Deutschland gar nicht zu berechnen. Würden sie aber bleiben, was sie sind, wenn sie ihre eigene Souveränität verlieren und irgendeinem großen deutschen Reich als Provinzstädte einverleibt werden sollten? – Ich habe Ursache, daran zu zweifeln."

Goethe im Gespräch mit Johann Peter Eckermann.
Es geht, am 23. Oktober 1828, um die Einheit Deutschlands, in welchem Sinne sie möglich und wünschenswert wäre.

Fortsetzung auf Seite 21

Fortsetzung von Seite 20

Goethes Gedanken zur deutschen Einheit

Seit der Vereinigung der beiden deutschen Staaten 1990 zählt Deutschland 16 Bundesländer.

Aufgabe

1. Wie ist die politische Situation in Deutschland zu Beginn des 19. Jahrhunderts?
2. Welche Probleme entstehen dadurch?
3. Was haben die Fürsten geleistet?
4. Warum lehnt Goethe eine einzige Hauptstadt für das ganze Deutschland ab?
5. Sind die Ansichten Goethes übertragbar in unsere Zeit? Denkt an Wiedervereinigung, föderalistisches System, vereintes Europa ...
6. Fasst den Inhalt der einzelnen Sinnabschnitte schriftlich zusammen.

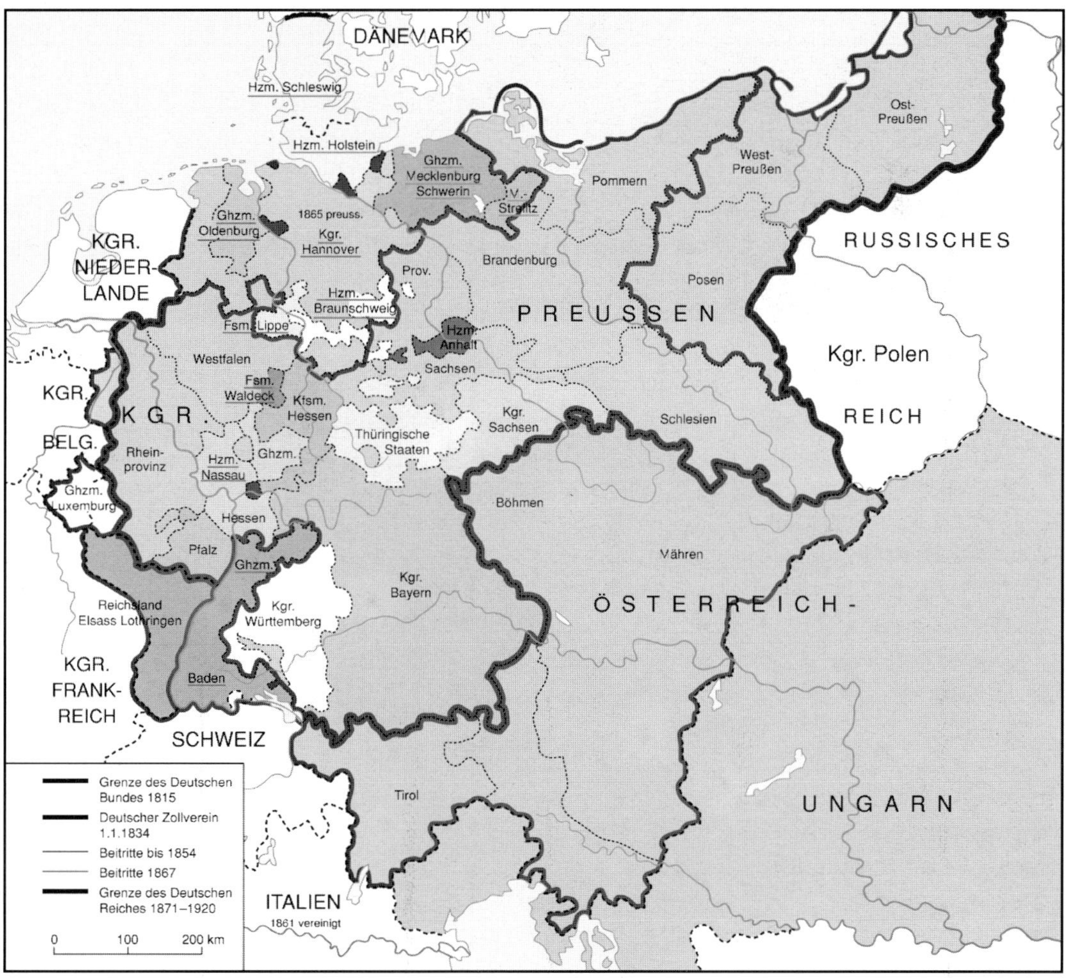

Deutschland nach 1815

Stationen im Leben des Johann Wolfgang von Goethe

Stationen	Ort	Zeit
Geburt, Kindheit, Privatunterricht	Frankfurt am Main	28. 8. 1749
Studium (Jura, Philosophie, Literatur, Medizin) Jugendliebe: Kätchen Schönkopf	Leipzig	1765 – 1768
Rückkehr nach Frankfurt (Blutsturz), Genesung	Frankfurt	1768 – 1770
Jurastudium, trifft Herder, verliebt sich in die Pfarrerstochter Friederike Brion aus Sesenheim	Straßburg	1770 – 1771
Promotion Anwalt	 Frankfurt	6. 8. 1771 1771
Praktikant am Reichskammergericht, verliebt sich in Charlotte Buff, die Verlobte des Gesandtschaftsekretärs Kestner	Wetzlar	1772
Rückkehr nach Frankfurt	Frankfurt	1773
Verlobung mit Anna Elisabeth Schönemann		Ostern 1775
1. Schweizer Reise (St. Gotthard)	Schweiz	Sommer 1775
Trennung von Anna Elisabeth Besuch von Karl August, Herzog von Weimar, Einladung nach Weimar	Frankfurt	Oktober 1775

Fortsetzung auf Seite 23

[Fort]setzung von Seite 22

Stationen im Leben des Johann Wolfgang von Goethe

[S]tationen	Ort	Zeit
Ankunft in Weimar	Weimar	7. 11. 1775
G. wird oberster Beamter Politiker, „Hofpoet“, Theaterdirektor, trifft die verheiratete Charlotte von Stein (Seelenfreundschaft), Freundschaft mit Karl August, Goethe wird Geheimer Legationsrat	Weimar	ab 1776 1779
2. Schweizer Reise: Geniereise mit Karl August	Schweiz	Herbst 1779
Erste naturwissenschaftliche Studien	Weimar	1780
Erhebung in den Adelsstand		1782
Entdeckung des Zwischenkieferknochens, des letzten fehlenden Glieds in der Abstammungslehre		1784
Reise nach Karlsbad Heimliche Abreise nach Rom	Karlsbad	1786 3. 9. 1786
1. Italienische Reise	Italien	1786 – 1788
Rückkehr Verbindung mit Christiane Vulpius, Manufakturarbeiterin, lebt bis zur Legalisierung in „wilder Ehe“ mit ihr	Weimar	1788
Geburt des Sohnes August		25. 12. 1789
2. Italienische Reise, um die Herzoginmutter Anna Amalia abzuholen	Venedig	1790
Abgabe der politischen Ämter	Weimar	1791

Fortsetzung auf Seite 24

Fortsetzung von Seite 23

Stationen im Leben des Johann Wolfgang von Goethe

Stationen	Ort	Zeit
Leiter des Weimarer Hoftheaters	Weimar	1791 – 1817
Teilnahme am 1. Koalitionskrieg	Frankreich	1792
Teilnahme an der Belagerung von Mainz	Rhein-Main-Gebiet	Mai 1793
Beginn der Zusammenarbeit mit Friedrich Schiller	Weimar	August 1794
Eheschließung mit Christiane Vulpius		19. 10. 1806
Reise ins Rhein-Main-Gebiet, Besuch in Frankfurt	Rhein-Main-Gebiet Frankfurt	1814 28. Juli 1814
Begegnung mit Demoiselle Marianne Jung (Marianne v. Willemer) Höhepunkt der Reise in den Westen	Wiesbaden Heidelberg	August 1814 24. 9. – 8. 10. 1814
Erneute Reise ins Rhein-Main-Gebiet Wiedersehen mit Marianne v. Willemer	Rhein-Main	Sommer und Herbst 1815
Ernennung zum Staatsminister	Weimar	1815
Tod Christiane Vulpius		6. 6. 1816
Kuraufenthalte Liebe zu Ulrike von Levetzow, 18 Jahre alt Heiratsantrag	Marienbad	1821, 22, 23 1823
Tod Goethes	Weimar	22. 3. 1832

Fortsetzung auf Seite 25

Fortsetzung von Seite 24

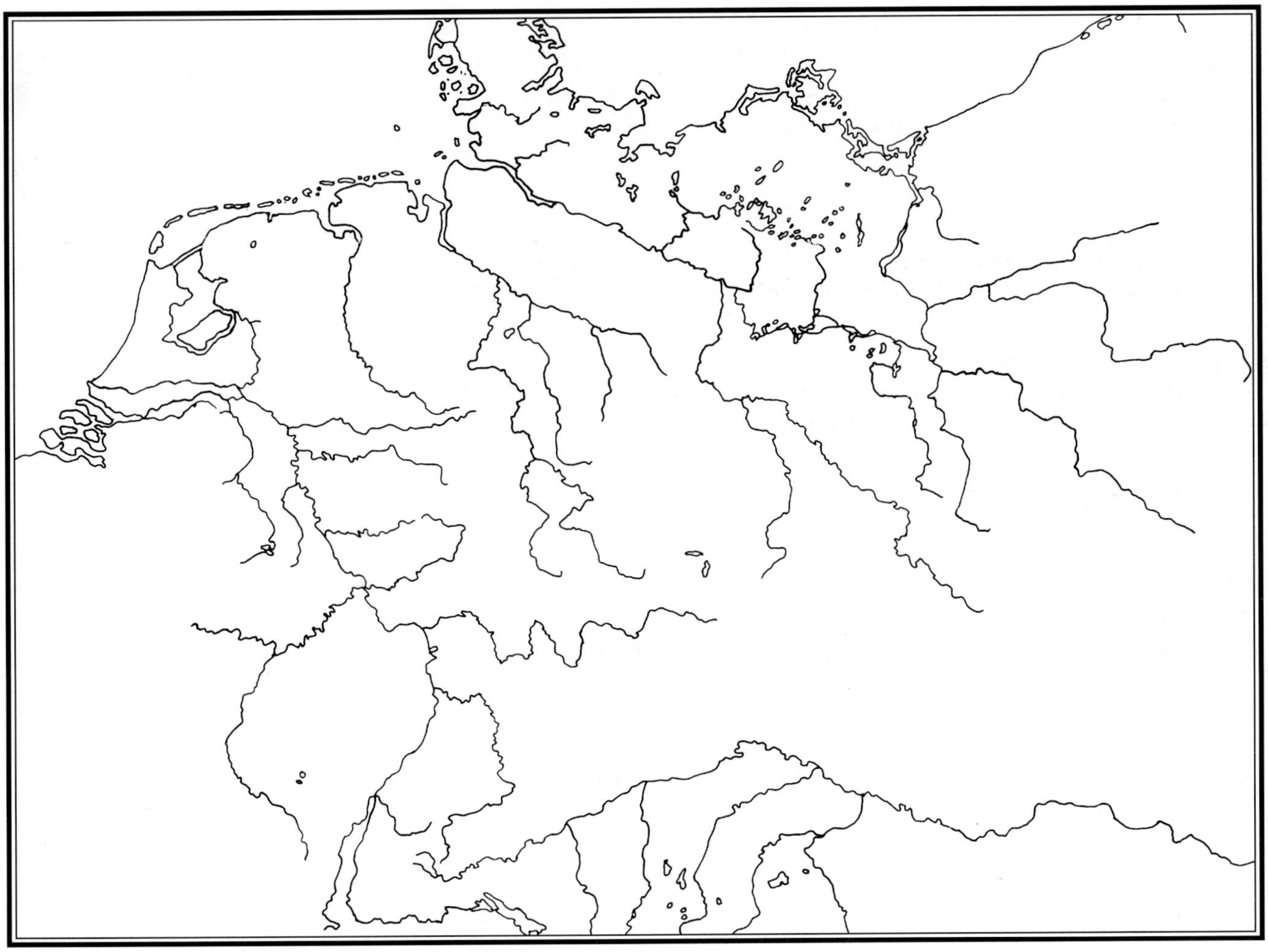

eine Auswahl bekannter Werke:

1771	Götz von Berlichingen
1771	Heidenröslein
1774	Die Leiden des jungen Werthers
1774	Prometheus (ersch. 1785)
1775	Urfaust (begonnen 1772)
1776	Wanderers Nachtlied
1779	Iphigenie auf Tauris
1780	Ein gleiches
1782	Der Erlkönig
1785	Wilhelm Meisters theatralische Sendung (begonnen 1782)
1785	Das Göttliche
1789	Egmont
1789	Grenzen der Menschheit
1790	Die Metarmorphosen der Pflanzen
1790	Torquato Tasso
1790	Faust. Ein Fragment
1794	Reineke Fuchs
1795	Römische Elegien (entstanden seit 1788)
1795	Wilhelm Meisters Lehrjahre
1797	Balladen
1808	Faust I
1809	Die Wahlverwandtschaften
1810	Die Farbenlehre
1811	Aus meinem Leben (erscheint bis 1833)
1815	Gefunden
1819	Westöstlicher Diwan (seit 1814)
1821	Wilhelm Meisters Wanderjahre
1832	Faust. Zweiter Teil

Aufgabe

1. Trage auf der Landkarte ein, wann Goethe wo weilte.
2. Ordne die Werke dem Leben zu.
3. Schreibe hinter jedes Werk, ob es sich um ein Gedicht, Roman, Drama, wissenschaftliche Arbeit oder anderes handelt.

Johann Wolfgang von Goethe

Stationen	Ort	Zeit
Geburt, Kindheit, Privatunterricht	Frankfurt am Main	28. 8. 1749
Studium (Jura, Philosophie, Literatur, Medizin) Jugendliebe: Kätchen Schönkopf	Leipzig	1765 – 1768
Jurastudium, trifft Herder, verliebt sich in die Pfarrerstochter Friederike Brion aus Sesenheim	Straßburg	1770 – 1771
Promotion Anwalt	 Frankfurt	6. 8. 1771 1771
Liebe zu Ulrike von Levetzow, 18 Jahre alt Heiratsantrag		 1823
Rückkehr nach Frankfurt	Frankfurt	1773
Verlobung mit Anna Elisabeth Schönemann		Ostern 1775
Entdeckung des Zwischenkieferknochens, des letzten fehlenden Glieds in der Abstammungslehre		1784
Trennung von Anna Elisabeth Besuch von Karl August, Herzog von Weimar, Einladung nach Weimar	Frankfurt	Oktober 1775
Ankunft in Weimar	Weimar	7. 11. 1775
Rückkehr nach Frankfurt (Blutsturz), Genesung	Frankfurt	1768 – 1770

Fortsetzung auf Seite 27

Fortsetzung von Seite 26

Stationen	Ort	Zeit
Erhebung in den Adelsstand	1782	
Praktikant am Reichskammergericht, verliebt sich in Charlotte Buff, die Verlobte des Gesandtschaftsekretärs Kestner	Wetzlar	1772
Begegnung mit Demoiselle Marianne Jung (Marianne v. Willemer)	Wiesbaden	August 1814
G. wird oberster Beamter Politiker, „Hofpoet“, Theaterdirektor, trifft die verheiratete Charlotte von Stein (Seelenfreundschaft), Freundschaft mit Karl August,	Weimar	ab 1776
Goethe wird Geheimer Legationsrat		1779
Eheschließung mit Christiane Vulpius		19. 10. 1806
1. Schweizer Reise (St. Gotthard)	Schweiz	Sommer 1775
Geburt des Sohnes August		25. 12. 1789
2. Schweizer Reise: Geniereise mit Karl August	Schweiz	Herbst 1779
1. Italienische Reise	Italien	1786 – 1788
2. Italienische Reise, um die Herzoginmutter Anna Amalia abzuholen	Venedig	1790
Erste naturwissenschaftliche Studien	Weimar	1780
Reise nach Karlsbad	Karlsbad	1786
Heimliche Abreise nach Rom		3. 9. 1786

Fortsetzung auf Seite 28

Fortsetzung von Seite 27

Stationen	Ort	Zeit
Rückkehr Verbindung mit Christiane Vulpius, Manufakturarbeiterin, lebt bis zur Legalisierung in „wilder Ehe" mit ihr	Weimar	1788
Abgabe der politischen Ämter	Weimar	1791
Leiter des Weimarer Hoftheaters	Weimar	1791 – 1817
Erneute Reise ins Rhein-Maingebiet Wiedersehen mit Marianne v. Willemer	Rhein-Main	Sommer und Herbst 1815
Teilnahme am 1. Koalitionskrieg	Frankreich	1792
Teilnahme an der Belagerung von Mainz	Rhein-Main-Gebiet	Mai 1793
Beginn der Zusammenarbeit mit Friedrich Schiller	Weimar	August 1794
Reise ins Rhein-Main-Gebiet, Besuch in Frankfurt	Rhein-Main-Gebiet Frankfurt	1814 28. Juli 1814
Höhepunkt der Reise in den Westen	Heidelberg	24. 9. – 8. 10. 1814
Ernennung zum Staatsminister	Weimar	1815
Tod Christiane Vulpius		6. 6. 1816
Kuraufenthalte	Marienbad	1821, 22, 23
Tod Goethes	Weimar	22. 3. 1832

Aufgabe

1. Hier sind einige Daten zu Goethes Leben durcheinander geraten. Ordne sein Leben chronologisch.
2. Nenne die wichtigen Frauen in Goethes Leben. In welchem Alter hat er sie kennen gelernt?

Italiensehnsucht

Goethes Romanheld Wilhelm Meister kommt aus einem wohlhabenden Bürgerhaus. Auf seiner Bildungsreise kommt er auch mit der Welt des Theaters in Berührung. Dort lernt er das interessante Kind Mignon kennen.

Mignons Lied

Kennst du das Land, wo die Zitronen blühn,
Im dunkeln Laub die Goldorangen glühn,
Ein sanfter Wind vom blauen Himmel weht,
Die Myrte still und hoch der Lorbeer steht,
Kennst du es wohl?
Dahin! Dahin
Möcht' ich mit dir, o mein Geliebter, ziehn!

Kennst du das Haus? auf Säulen ruht sein Dach,
Es glänzt der Saal, es schimmert das Gemach,
Und Marmorbilder stehn und schaun mich an:
Was hat man dir, du armes Kind, getan?
Kennst du es wohl?
Dahin! Dahin
Möcht' ich mit dir, o mein Beschützer, ziehn!

Kennst du den Berg und seinen Wolkensteg?
Das Maultier sucht im Nebel seinen Weg,
In Höhlen wohnt der Drachen alte Brut,
Es stürzt der Fels und über ihn die Flut:
Kennst du ihn wohl?
Dahin! Dahin
Geht unser Weg; o Vater, lass uns ziehn!

Sie fing jeden Vers feierlich und prächtig an, als ob sie auf etwas Sonderbares aufmerksam machen, als ob sie etwas Wichtiges vortragen wollte. Bei der dritten Zeile ward der Gesang dumpfer und düsterer; das „Kennst du es wohl?" drückte sie geheimnisvoll und bedächtig aus; in dem „Dahin! Dahin!" lag eine unwiderstehliche Sehnsucht und ihr „Lass uns ziehn!" wusste sie bei jeder Wiederholung dergestalt zu modifizieren, dass es bald bittend und dringend, bald treibend und viel versprechend war.
Nachdem sie das Lied zum zweiten Mal geendigt hatte, hielt sie einen Augenblick inne, sah Wilhelm scharf an und fragte: „Kennst du das Land?" – „Es muss wohl Italien gemeint sein", versetzte Wilhelm; „woher hast du das Liedchen?" – „Italien!", sagte Mignon bedeutend; „gehst du nach Italien, so nimm mich mit, es friert mich hier." – „Bist du schon dort gewesen, liebe Kleine?", fragte Wilhelm. – Das Kind war still und nichts weiter aus ihm zu bringen.

Der Bauplan des Gedichtes	
1. Strophe Inhalt *Bilder der Natur*	Sprachhandlung * *Frage* * *Wunsch*
2. Strophe Inhalt *Bilder der Kunst*	Sprachhandlung * *Frage* * *Wunsch*
3. Strophe Inhalt *Bilder des damals gefährlichen Alpenweges*	Sprachhandlung * *Frage* * *Aufruf*

Goethe unternahm zwei Reisen nach Italien, wo er der Kunst der alten Griechen und der Römer begegnete.
Doch ihn faszinierten auch der südländische Charakter des Volkes und die einzigartige Mittelmeerlandschaft.

Aufgabe

1. Wie betont Mignon die Wörter, als sie das Gedicht vorträgt? Mache dir Notizen und versuche es ebenso vorzutragen.
2. Fasse mit Hilfe des Bauplans den Inhalt des Gedichtes zusammen.
3. Wie wird Italien hier gesehen?

Goethes Reisen nach Italien

Am 3. September 1786 brach Goethe heimlich von Karlsbad aus unter dem Namen Johann Philippe oder Giovanni Filippo Möller mit einem falschen Pass nach Italien auf. Er war der politischen Aufgaben überdrüssig geworden. Und er war unzufrieden mit sich selbst, obgleich er wichtige Aufgaben und politische Ämter innehatte. Mit Frau von Stein gab es Zwistigkeiten und überhaupt – Goethe wollte endlich das Land kennen lernen, von dem ihm sein Vater schon in der Kindheit so viel erzählt hatte.

Wie immer führte Goethe peinlich Buch über alles, was sich in seinem Leben ereignete. Der Reisebericht „Italienische Reise" beginnt so: „Früh um drei Uhr stahl ich mich aus Karlsbad, weil man mich sonst nicht fortgelassen hätte... Ich warf mich ganz allein, nur einen Mantelsack und Dachranzen aufpackend, in eine Postchaise..." Mit der Postkutsche auf Reisen, die Goethe viel zu schnell fuhr, kam er nach 56 Tagen am 29. Oktober in Rom an.

Am 25.01.1788 schrieb er an Carl August: „Die Hauptsache meiner Reise war: mich von den physisch-moralischen Übeln zu heilen, die mich in Deutschland quälten und mich zuletzt unbrauchbar machten; sodann den heißen Durst nach Kunst zu stillen."

Goethe reiste über den Brenner nach Verona, weiter nach Vicenza, Padua, Venedig, Ferrara, Bologna, Florenz, Perugia nach Rom. Die Stadt fesselte ihn so, dass er bis zum 22. Februar 1787 dort blieb. In Rom traf er Johann Heinrich Wilhelm Tischbein, der eines der berühmten Goethebilder malte und bei dem er auch wohnte: „Für mich ist es ein Glück, dass Tischbein ein schönes Quartier hat, wo er noch mit einigen Malern lebt. Ich wohne bei ihm und bin in ihre eingerichtete Haushaltung mit eingetreten, wodurch ich Ruh und häuslichen Frieden in einem fremden Land genieße. Die Hausleute sind ein redliches altes Paar, die alles selbst machen und für uns wie für Kinder sorgen. ... Das Haus liegt in Corso, keine 300 Schritte von der Porta del Popolo ... (1. November 1786).

Mit Tischbein ging es nach Neapel, wo Goethe sich einen Monat aufhielt. Während seines Aufenthaltes in Neapel bestieg Goethe dreimal den Vesuv, der ihn ungemein faszinierte. Auch in Neapel lernte er wieder einen Maler kennen, Christoph Heinrich Kniep, mit dem er die Reise fortsetzte. Sie hielten sich vom 21.3. bis zum 23.3. in Pästum auf. Von dort aus ging es mit dem Schiff nach Sizilien. Mitte Mai kehrte er per Schiff von Messina nach Neapel zurück. Als sich eine Eruption auf dem Vesuv ereignete, bestieg er ihn erneut, um das Naturphänomen aus der Nähe zu beobachten und dann beschreiben zu können. Am 7. Juni befand sich Goethe wieder in Rom und blieb dort bis zum 23. April 1788.

Seine Rückreise führte ihn über Florenz, Modena, Parma, Mailand, Como, Chiavenna, den Splügenpass, Chur und Konstanz nach Weimar, wo er am 18. Juni wieder eintraf. Goethe kehrte aus Italien zurück mit über 800 Zeichnungen, mit der Vollendung seiner frühklassischen Werke und mit vielen Naturstudien, für die er sich immer mehr interessierte. Er wollte die Urpflanze finden. Im Botanischen Garten von Palermo glaubte er sie gefunden zu haben und er wollte die Gesetzmäßigkeit der Naturgesetze nachweisen: „Die Natur ist doch das einzige Buch, das auf allen Blättern großen Gehalt bietet." Er war gereift als Mensch und Dichter, Künstler und Naturforscher. Am 17. März 1788 schrieb er an Herzog Carl August: „... Ich darf wohl sagen, ich habe mich in dieser eineinhalbjährigen Einsamkeit selbst wieder gefunden; aber als was? – Als Künstler!"

Daher schien es nur konsequent, dass er nach der Rückkehr aus Rom seine Ämter aufgab, aber das Hoftheater ab 1791 leitete. Italien war für Goethe ein Wendepunkt in seinem Schaffen, hatte er sich doch im Land der Klassik vom „Stürmer und Dränger" zum „klassischen" Dichter gewandelt.

Seine zweite Italienreise unternahm Goethe 1790, um die Herzoginmutter Anna Amalia nach dem Abschluss ihrer Italienreise in Venedig abzuholen und sie zurück nach Weimar zu geleiten.

Diese Reise hatte jedoch ungünstige Voraussetzungen, da sich der Dichter von Christiane und dem am 25.12.1789 geborenen Sohn Julius August trennen musste. Durch die verspätete Ankunft der Herzoginmutter fühlte er sich in Venedig festgehalten. Zwar nutzte er diese Zeit (31. März – 22. Mai) für Kunstbetrachtungen, Naturbeobachtungen und Menschenstudien, doch schrieb er an Carl August: „Ich ... muss gestehen, dass meiner Liebe für Italien durch diese Reise ein tödlicher Stoß versetzt wird" (3.4.1790). Und an Herder gehen am gleichen Tage diese Worte: „Ein wenig untoleranter (sei er) gegen das Sauleben dieser Nation als das vorige Mal." Beeindruckt war Goethe unter anderem vom Venediger Fischmarkt: „Der Fischmarkt und die vielen Seeprodukte machen mir Vergnügen, ich gehe oft darüber und beleuchte die unglücklich aufgehaschten Meeresbewohner." Weiterhin hatten es ihm besonders die Tintenfische angetan. „Es wird der Dintenfisch hier viel gegessen, ich habe

Fortsetzung auf Seite 31

Fortsetzung von Seite 30

mir von der schwarzen Feuchtigkeit geben lassen und will ihrer noch mehr nehmen ... Die Farbe ist ganz schwarz, mit Wasser vermischt ein wenig grießelich, wird aber mit Bister gut tun. Man muss nun versuchen und ich will mich erkunden, ob sonst noch etwas dabei zu bedenken und zu tun ist.“

Goethe kehrte nie wieder nach Italien zurück. Für das Jahr 1796 war zwar eine weitere Reise geplant, die dann auf 1797 verschoben und schließlich nicht mehr durchgeführt wurde. Sein Interesse an Italien hat er jedoch nie verloren, er ließ sich gern von Italienreisenden deren Erlebnisse berichten.

Aufgabe

1. Zeichne in die Landkarte die Reiseroute Goethes ein. Markiere dabei Hin- und Rückreise.
2 Schlage im Lexikon nach und finde wichtige Sehenswürdigkeiten der einzelnen Stationen heraus.
3. Warum fahren wir heute ins Ausland? Haben wir ähnliche Absichten wie Goethe?

Italienische Reise

Neapel, den 29. Mai 1787

Eine ausgezeichnete Fröhlichkeit erblickt man überall mit dem größten teilnehmenden Vergnügen. Die vielfarbigen bunten Blumen und Früchte, mit welchen die Natur sich ziert, scheinen den Menschen einzuladen, sich und alle seine Gerätschaften mit so hohen Farben als möglich auszuputzen.

Seidene Tücher und Binden, Blumen auf den Hüten schmücken einen jeden, der es einigermaßen vermag. Stühle und Kommoden in den geringsten Häusern sind auf vergoldetem Grund mit bunten Blumen geziert; sogar die einspännigen Kaleschen hochrot angestrichen, das Schnitzwerk vergoldet, die Pferde davor mit gemachten Blumen, hochroten Quasten und Rauschgold ausgeputzt. Manche haben Federbüsche, andere sogar kleine Fähnchen auf den Köpfen, die sich im Lauf nach jeder Bewegung drehen. Wir pflegen gewöhnlich die Liebhaberei zu bunten Farben barbarisch und geschmacklos zu nennen, sie kann es auch auf eine gewisse Art sein und werden, allein unter einem recht heiteren Himmel ist eigentlich nichts bunt, denn nichts vermag den Glanz der Sonne und ihren Widerschein im Meer zu überstrahlen. Die lebhafteste Farbe wird durch das gewaltige Licht gedämpft, und weil alle Farben, jedes Grün der Bäume und Pflanzen, das gelbe, braune, rote Erdreich in völliger Kraft auf das Auge wirken, so treten dadurch selbst die farbigen Blumen und Kleider in die allgemeine Harmonie. Die scharlachnen Westen und Röcke der Weiber von Nettuno, mit dem breiten Gold und Silber besetzt, alles scheint sich zu beeifern, unter dem Glanze des Himmels und des Meeres einigermaßen sichtbar zu werden.
Und wie sie leben, so begraben sie auch ihre Toten; da stört kein schwarzer langsamer Zug die Harmonie der lustigen Welt ...

Es ist keine Jahreszeit, wo man sich nicht überall von Esswaren umgeben sähe, und der Neapolitaner freut sich nicht allein des Essens, sondern er will auch, dass die Ware zum Verkauf schön aufgeputzt sei. Bei Santa Lucia sind die Fische nach ihren Gattungen meist in reinlichen und artigen Körben. Krebse, Austern, Schelden, kleine Muscheln, jedes besonders aufgetischt und mit grünen Blättern unterlegt. Die Läden von getrocknetem Obst und Hülsenfrüchten sind auf das mannigfaltigste herausgeputzt. Die ausgebreiteten Pomeranzen und Zitronen von allen Sorten, mit dazwischen hervorstechendem grünem Laub, dem Auge sehr erfreulich. Aber nirgendwo putzen sie mehr als bei den Fleischwaren, nach welchen das Auge des Volkes besonders lüstern gerichtet ist, weil der Appetit durch periodisches Entbehren nur mehr gereizt wird.

... Die Boutiquen, wo grüne Sachen verkauft werden, wo Rosinen, Melonen und Feigen aufgesetzt sind, erfreuen das Auge auf das Allerangenehmste. Die Esswaren hängen in Girlanden über die Straßen hinüber; große Paternoster von vergoldeten, mit roten Bändern geschnürten Würsten; welsche Hähne, welche alle eine rote Fahne unter dem Bürzel stecken haben ... Außer diesem werden noch eine Menge Esel, mit grüner Ware, Kapaunen und jungen Lämmern

Fortsetzung auf Seite 33

Fortsetzung von Seite 32

beladen, durch die Stadt und über den Markt getrieben, und die Haufen Eier, welche man hier und da sieht, sind so groß, dass man sich ihrer niemals so viel beisammen gedacht hat ...

Was die Mehl- und Milchspeisen betrifft, welche unsere Köchinnen so mannigfaltig zu bereiten wissen, ist für jenes Volk, das sich in dergleichen Dingen kurz fasst und keine wohl eingerichtete Küche hat, doppelt gesorgt. Die Makkaroni, ein zarter, stark durchgearbeiteter, gekochter, in gewissen Gestalten gepresster Teig von feinem Mehle, sind von allen Sorten überall um ein Geringes zu haben. Sie werden meist nur in Wasser abgekocht und der geriebene Käse schmälzt und würzt sogleich die Schüssel. Fast an jeder Ecke, jeder Straße sind die Backwerksverfertiger mit ihren Pfannen voll siedenden Öls, besonders an Fasttagen, beschäftigt, Fische und Backwerk einem jeden nach seinem Verlangen sogleich zu bereiten. Diese Leute haben einen unheimlichen Abgang und viele tausend Menschen tragen ihr Mittag- und Abendessen von da auf einem Stückchen Papier davon.

„Goethe auf seiner italienischen Reise (1786-88) in einer römischen Osteria", Zeichnung von Woldemar Friedrich

Aufgabe

1. Lest Goethes Reisebericht und stellt eine Liste auf von Dingen, die Goethe faszinierten.
2. Stellt eine ebensolche Liste auf, was euch an einer Reise ins Ausland faszinieren würde.
3. Schreibt einen Reisebericht über eine Stadt, einen Ort, eine Naturlandschaft, ein Land, das euch stark beeindruckte. Versucht dabei auch wichtige Eindrücke ausführlich zu beschreiben.
4. Beschreibt besondere Gerichte, die ihr kennen gelernt habt.

Klassische Zitate

Abwechslung ohne Zerstreuung wäre für Lehre und Leben der schönste Wahlspruch.

Goethe, Wahlverwandtschaften

Alt wird man wohl, wer aber klug?

Goethe, Faust

Arm am Beutel, krank am Herzen.

Goethe, Der Schatzgräber

Weil du die Augen offen hast, glaubst du, du siehst.

Goethe, Egmont

Ein Gedicht soll entweder vortrefflich sein oder gar nicht existieren.

Goethe, Wilhelm Meisters Lehrjahre

Auch in der Ferne zeigt sich alles reiner, was in der Gegenwart uns nur verwirrt.

Goethe, Torquato Tasso

Ein Tag der Gunst ist wie ein Tag der Ernte;
man muss geschäftig sein, sobald sie reift.

Goethe, Torquato Tasso

Fortsetzung auf Seite 35

Fortsetzung von Seite 34

Sprüche von Goethe

Geschichte schreiben ist eine Art, sich das Vergangene vom Halse zu schaffen.

Auch der Geringste, wenn er ganz ist, kann glücklich und in seiner Art vollkommen sein.

Ohne Aufopferung lässt sich keine Freundschaft denken.

Was man erringt, behauptet man hartnäckiger, als was man ererbt hat.

Fähigkeiten werden vorausgesetzt; sie sollen zu Fertigkeiten werden. Dies ist der Zweck aller Erziehung.

Die Pflanze gleicht den eigensinnigen Menschen, von denen man alles erhalten kann, wenn man sie nach ihrer Art behandelt.

Aufgabe

Triff eine Auswahl aus den klassischen Zitaten oder den Sprüchen von Goethe. Setze dich erörternd mit den Gedanken Goethes auseinander.

Zitate aus anderen Werken

Armut ist die größte Plage,
Reichtum ist das größte Gut!
(aus „Der Schatzgräber“)

In der Beschränkung zeigt sich erst der Meister ...
(„Was wir bringen“, Vorspiel)

Die ich rief, die Geister, werd ich nun nicht mehr los ...
(aus „Der Zauberlehrling“, meist so gebraucht:)
Die Geister, die ich rief, werd ich nun nicht mehr los.

So fühlt man Absicht und man ist verstimmt.
(aus „Torquato Tasso“, meist so zitiert:)
Man erkennt die Absicht und ist verstimmt.

Willst du genau erfahren, was sich ziemt,
So frage nur bei edlen Frauen an. (aus „Torquato Tasso“)

Ein edler Mensch zieht edle Menschen an
Und weiß sie festzuhalten. (aus „Torquato Tasso“)

Das Beste ist (gerade) gut genug.
(3. März 1787, Brief aus Neapel, 1. Italienische Reise)

Du sprichst ein großes Wort gelassen aus.
(„Iphigenie auf Tauris“, Thoas 1/39)

Himmelhoch jauchzend,
zu Tode betrübt ...
(Clärchens Lied in „Egmont“)

Wozu in die Ferne schweifen? (ursprünglich:
Willst du immer weiter schweifen?)
Sieh, das Gute liegt so nah. (aus „Erinnerung“)

Über allen Gipfeln ist Ruh (Ein Gleiches)

Warte, balde ruhest auch du (Ein Gleiches)

Und bist du nicht willig, so brauch ich
Gewalt ... (Erlkönig)

Edel sei der Mensch,
hilfreich und gut ...
(Das Göttliche)

Erreicht den Hof mit Müh und Not ... (Erlkönig)

Denn alle Schuld auf Erden rächt sich ...
(Harfenspieler in „Theatralische Sendung“)

Wer nie sein Brot mit Tränen aß,
Wer nie die kummervollen Nächte
Auf seinem Bette weinend saß,
Der kennt euch nicht,
Ihr himmlischen Mächte ...
(Harfenspieler in „Theatralische Sendung“)

Kennst du das Land, wo die Zitronen blühn?
(Mignon)

Was hat man dir, du armes Kind, getan? (Mignon)

Nur wer die Sehnsucht kennt,
weiß, was ich leide! (Mignon)

Zitatensalat

Willst du genau erfahren, was sich ziemt,

so brauch ich Gewalt ...

Über allen Gipfeln ...

Edel sei der Mensch,

rächt sich ...

Wer nie sein Brot mit Tränen aß,
Wer nie die kummervollen Nächte

... ist Ruh

gelassen aus

Die Geister, die ich rief,

du armes Kind, getan?

Sieh, das Gute liegt so nah

Kennst du das Land,

Warte,

Hilfreich und gut ...

werd ich nun nicht mehr los

Und bist du nicht willig,

Nur wer die Sehnsucht kennt,

Denn alle Schuld auf Erden

Erreicht den Hof

In der Beschränkung

So frage nur bei edlen Frauen an.

mit Müh und Not ...

(gerade) gut genug

wo die Zitronen blühn?

Was hat man dir,

weiß, was ich leide!

Auf seinem Bette weinend saß,
Der kennt euch nicht, ihr himmlischen Mächte ...

zu Tode betrübt ...

bald ruhest auch du

Du sprichst

Himmelhoch jauchzend,

Wozu in die Ferne schweifen?

zeigt sich erst der Meister.

Das Beste ist

ein großes Wort gelassen aus

Reichtum ist das größte Gut!

Man erkennt die Absicht

und ist verstimmt.

Ein edler Mensch zieht edle Menschen an

Und weiß sie festzuhalten.

(Lösungen S. 36)

Armut ist die größte Plage,

Aufgabe

Setze die Bruchstücke in Partnerarbeit richtig zusammen.

Geflügelte Worte

Wer immer strebend sich bemüht,

weiß, was ich leide

Die ich rief, die Geister,

kann man getrost nach Hause tragen.

Der Worte sind genug gewechselt,

sieh, das Gute liegt so nah!

Ein guter Mensch in seinem dunklen Drange

den können wir erlösen

Ein Mann, der recht zu wirken weiß,

bleibt immer ein Knecht.

Was man schwarz auf weiß besitzt,

werd ich nun nicht los.

Was man nicht weiß, das eben brauchte man,

das Echte bleibt der Nachwelt unverloren.

Wer sich nicht selber befiehlt,

der muss auf gutes Werkzeug halten.

Was glänzt, ist für den Augenblick geboren,

und was man weiß, kann man nicht brauchen.

Willst du immer weiter schweifen?

Lass mich auch endlich Taten sehn!

Nur wer die Sehnsucht kennt,

ist sich des rechten Weges wohl bewusst.

Ein **„geflügeltes Wort"** ist ein in weiten Kreisen dauernd angeführter Ausspruch oder Ausdruck. Urheber oder Ursprung sind geschichtlich und literarisch nachweisbar.

Aufgabe

Die „geflügelten Worte" oder „landläufigen Zitate" auf dieser Seite stammen alle von Goethe.
Es sind lauter Zweizeiler, die aber falsch zusammengestellt sind.
Stellt sie richtig und schreibt sie auf.
Vergleicht eure Antworten mit den Goethe-Zitaten im Lösungsteil, S. 78.

Bekannte Goethe-Zitate aus Faust I

Allwissend bin ich nicht, doch viel ist mir bewusst (V. 1582 Faust I)

Das also war des Pudels Kern (V. 1323)

Die Träne quillt, die Erde hat mich wieder! (V. 784)

Ich bin ein Teil von jener Kraft,
die stets das Böse will und stets das Gute schafft. (V. 1235 f.)

Zu neuen Ufern lockt ein neuer Tag. (V. 701)

Hier bin ich Mensch, hier darf ich's sein! (V. 940)

Vom Eise befreit sind Strom und Bäche (V. 903)

Die Botschaft hör ich wohl, allein mir fehlt der Glaube. (V. 765)

Zwei Seelen wohnen, ach! in meiner Brust (V. 1112)

In bin der Geist, der stets verneint. (V. 1338)

Wer vieles bringt, wird manchem etwas bringen. (V. 97)

Der Worte sind genug gewechselt,
Lasst mich auch endlich Taten sehn! (V. 214 f.)

Zwar weiß ich viel, doch möcht ich alles wissen (V. 601)

Greif nur hinein ins volle Menschenleben (V. 167)

Es irrt der Mensch, solang er strebt. (V. 317)

Ein guter Mensch in seinem dunklen Drange
Ist sich des rechten Weges wohl bewusst. (V. 328 f.)

Denn was man schwarz auf weiß besitzt,
das kann man getrost nach Hause tragen. (V. 1966 f.)

Verweile doch, du bist so schön (V. 1700)

O wär ich nie geboren! (V. 1355)

Da steh ich nun, ich armer Tor!
Und bin so klug als wie zuvor

Was man nicht weiß, das eben braucht man,
Und was man weiß, das kann man nicht gebrauchen. (Faust: Vor dem Tor)

Aufgabe

1. Schreibe einen Text, in dem zu mindestens fünf Zitate verwendest.
2. Suche dir zwei Zitate heraus, die dir besonders gefallen und schreibe sie auf ein Poster. (Posterausstellung mit Faust-Zitaten) Schreibe auf die Rückseite die Bedeutung des Zitates und wo man es anwenden könnte.
3. Sucht die Zitate heraus, die ihr nicht versteht. Anschließend versucht ihr euch gegenseitig die Zitate bei einer Gruppenarbeit zu erklären.
4. Schlagt nach in einem Schauspielführer und macht euch Notizen zum Inhalt des Stückes.
5. Sei selber ein „Goethe" und versuche „Lebensweisheiten"in ähnlicher Form wie oben zu formulieren.

Ginkgo biloba

Ginkgo biloba

Dieses Baums Blatt, der von Osten
Meinem Garten anvertraut,
Gibt geheimen Sinn zu kosten,
Wie's den Wissenden erbaut.

Ist es ein lebendig Wesen,
Das sich in sich selbst getrennt?
Sind es zwei, die sich erlesen,
Dass man sie als eines kennt?

rechten

und

Fragen

eins

Sinn,

zu

du

fand

fühlst

bin?

erwidern,

doppelt

wohl

den

Solche

an

ich

meinen

Liedern,

nicht

ich

dass

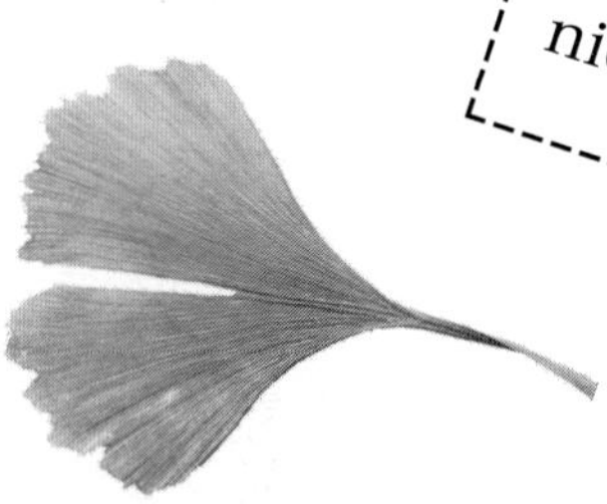

Aufgabe

Rekonstruiere die dritte Strophe des ursprünglichen Gedichtes.

Einschränkung

O wäre doch das rechte Maß getroffen!

Was bleibt mir nun, als eingehüllt,

Wie seltsam mich das Schicksal leitet;

In dieser engen kleinen Welt

Ist mir noch manches zubereitet.

Vergess' ich doch, vergess' ich gern,

Mit holdem Zauberband mich hält.

Von holder Lebenskraft erfüllt,

In stiller Gegenwart die Zukunft zu erhoffen!

Ich weiß nicht, was mir hier gefällt,

Und ach, ich fühle, nah und fern

Aufgabe

1. Schneide die Verse aus und lege ein Gedicht.
2. Vergleiche dein Gedicht mit dem Original.
3. Goethe nannte sein Gedicht „Einschränkung". Was könnte er damit gemeint haben? In welchen Zeilen siehst du einen Bezug?
4. Schreibe einen Brief an Herrn von Goethe. Erzähle ihm, was dir heute, in dieser engen kleinen Welt gefällt und was du dir für deine Zukunft erhoffst.

Die wandelnde Glocke

„Die wandelnde Glocke" beruht auf einem Spaß, den sein Sohn August und ich gemeinsam mit einem kleinen Knaben zu treiben liebten, der des Sonntags vor der Kirchzeit uns besuchend, bei beginnendem Geläute, besonders der durchschlagenden großen Glocke, sich einigermaßen zu fürchten schien. Nun machten wir ihm weis, die Glocke steige auch wohl von ihrem Stuhle herab und könne sich leicht über ihn herstülpen.

(Friedrich Wilhelm Riemer, Mitteilungen über Goethe)

Ein Junge drückt sich vorm sonntäglichen Kirchgang.	Die Glocke Glocke tönt nicht mehr, Die Mutter hat gefackelt. Doch welch ein Schrecken! Hinterher Die Glocke kommt gewackelt.
Seine Mutter ermahnt ihn an seine Pflicht.	Doch nimmt es richtig seinen Husch, Und mit gewandter Schnelle Eilt es durch Anger, Feld und Busch Zur Kirche, zur Kapelle.
Er schlägt alle ihre Mahnungen in den Wind	Es war ein Kind, das wollte nie Zur Kirche sich bequemen Und Sonntags fand es stets ein Wie, Den Weg ins Feld zu nehmen.
Die Voraussage der Mutter bestätigt sich.	Und jeden Sonn- und Feiertag Gedenkt es an den Schaden, Lässt durch den ersten Glockenschlag, Nicht in Person sich laden.
Der Junge gerät in Gefahr	Die Mutter sprach: Die Glocke tönt, Und so ist dir's befohlen, Und hast du dich nicht hingewöhnt; Sie kommt und wird dich holen.
Er rettet sich in die Kirche	Das Kind, es denkt: die Glocke hängt Da droben auf dem Stuhle. Schon hat's den Weg ins Feld gelenkt, Als lief es aus der Schule.
Der Junge hat aus dem Vorfall gelernt.	Sie wackelt schnell, man glaubt es kaum; Das arme Kind im Schrecken Es läuft, es kommt als wie im Traum; Die Glocke wird es decken.

Aufgabe

1. Ordne die sieben Strophen mit Hilfe der Kernaussagen in der linken Spalte (ausschneiden, aufkleben, lesen). Schreibt eine Nacherzählung.
2. Sucht weitere Beispiele dafür, wie Kinder mit Hilfe von Schreckgeschichten erzogen werden sollen.

Es war ein König in Thule

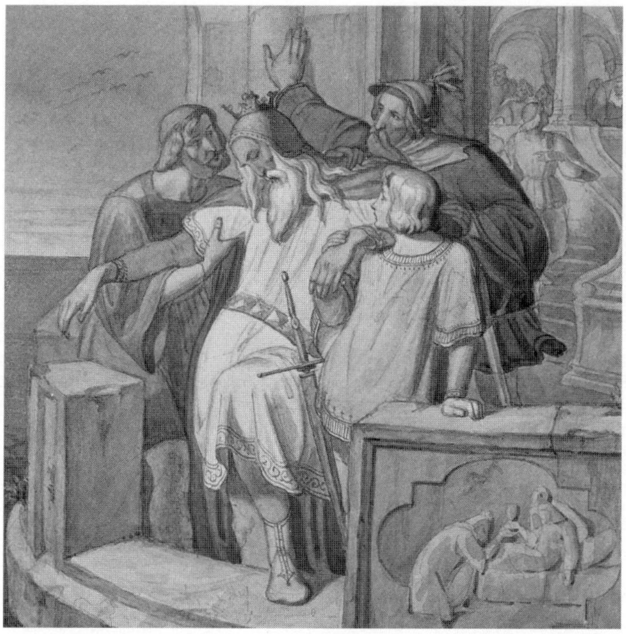

Goethe dichtete die Ballade 1774 und verwendete sie später im „Faust". Sie wurde von vielen Komponisten vertont. Am bekanntesten ist die Melodie des Goethe-Freundes Karl Friedrich Zelter.

1. Der König von Thule erhält einen Goldpokal von der sterbenden Königin.	Er sah ihn stürzen, trinken und sinken tief ins Meer. Die Augen täten ihm sinken; trank nie einen Tropfen mehr.	1
2. Er leert ihn bei jedem Festmahl in Erinnerung an die geliebte Tote.	Und als er kam zu sterben, zählt' er seine Städt' im Reich, gönnt' alles seinen Erben, den Becher nicht zugleich.	2
3. Vor seinem Tode vererbt er alles außer dem Becher.	Es ging ihm nichts darüber, er leert' ihn jeden Schmaus; die Augen gingen ihm über, sooft er trank daraus.	3
4. Sein letztes Mahl hält er in der Burg am Meer.	Er saß beim Königsmahle, die Ritter um ihn her, auf hohem Vätersaale, dort auf dem Schloss am Meer.	4
5. Nach dem letzten Schluck wirft er den Becher in die Flut.	Es war ein König in Thule gar treu bis an das Grab, dem sterbend seine Buhle einen goldnen Becher gab.	5
6. Mit seinem Tod geht auch das Unterpfand der Liebe unter.	Dort stand der alte Zecher, trank letzte Lebensglut, und warf den heilgen Becher hinunter in die Flut.	6

Aufgabe

1. Ordne die sechs Strophen mit Hilfe der Kernaussagen in die freien Felder ein (ausschneiden – einkleben – lesen). Schreibt eine Nacherzählung.
2. Hört euch im Musikunterricht diese und andere Vertonungen der Ballade an oder spielt sie selbst auf einem Instrument.

Johanna Sebus

Der Damm zerreißt, das Feld erbraust,
Die Fluten spülen, die Fläche saust.
„Ich trage dich, Mutter, durch die Flut,
Noch reicht sie nicht hoch, ich wate gut."
„Auch uns bedenke, bedrängt, wie wir sind,
Die Hausgenossin, drei arme Kind!
Die schwache Frau! ... Du gehst davon!" _
Sie trägt die Mutter durchs Wasser schon.
„Zum Bühle, da rettet euch! harret derweil;
Gleich kehr ich zurück, uns allen ist Heil.
Zum Bühl ist's noch trocken und wenige Schritt';
Doch nehmt auch mir meine Ziege mit!"

Der Damm zerschmilzt, das Feld erbraust,
Die Fluten wühlen, die Fläche saust.
Sie setzt die Mutter auf sichres Land,
Schön Suschen, gleich wieder zur Flut gewandt.
„Wohin? Wohin? Die Breite schwoll;
Des Wassers ist hüben und drüben voll.
Verwegen ins Tiefe willst du hinein!" _
„Sie sollen und müssen gerettet sein!"

Der Damm verschwindet, die Welle braust,
Eine Meereswoge, sie schwankt und saust.
Schön Suschen schreitet gewohnten Steg,
Umströmt auch gleitet sie nicht vom Weg,
Erreicht den Bühl und die Nachbarin;
Doch der und den Kindern kein Gewinn!

Der Damm verschwand, ein Meer erbraust's,
Den kleinen Hügel im Kreis umsaust's.
Da gähnet und wirbelt der schäumende Schlund
Und ziehet die Frau mit den Kindern zu Grund;
Das Horn der Ziege fasst das ein',
So sollten sie alle verloren sein!
Schön Suschen steht noch strack und gut:
Wer rettet das junge, das edelste Blut!
Schön Suschen steht noch wie ein Stern;
Doch alle Werber sind alle fern.
Rings um sie her ist Wasserbahn,
Kein Schifflein schwimmet zu ihr heran.
Noch einmal blickt sie zum Himmel hinauf,
Da nehmen die schmeichelnden Fluten sie auf.

Kein Damm, kein Feld! Nur hier und dort
Bezeichnet ein Baum, ein Turm den Ort.
Bedeckt ist alles mit Wasserschwall;
Doch Suschens Bild schwebt überall. _
Das Wasser sinkt, das Land erscheint,
Und überall wird schön Suschen beweint. _
Und dem sei, wer's nicht singt und sagt,
Im Leben und Tod nicht nachgefragt!

Fortsetzung auf Seite 45

Meldung

Die Ballade von Johann Wolfgang Goethe geht auf ein wirkliches Geschehen zurück:
In der Nacht vom 12. auf den 13. Januar 1809 trat der Rhein über seine Ufer.
Die Bauerntochter Johanna Sebus ertrank in den Fluten, nachdem sie ihre Mutter gerettet hatte und auch anderen helfen wollte.

Mahnmahl

Napoleon ließ ihr in dem Dorf Brienen am Niederrhein ein Denkmal errichten.
Die französische Inschrift lautet auf Deutsch:
„Johanna Sebus, ein Mädchen von 17 Jahren, rettete ihre Mutter aus den Fluten des Rheins, der im Jahre 1809 über seine Ufer getreten war. Dann stürzte sie sich noch einmal in die Wellen, um eine andere Mutter mit ihren Kindern dem Tode zu entreißen. Dabei ertrank sie. Dieses Denkmal wurde ihr im Jahre 1811 errichtet."

Motto

Goethe stellte seiner Heldinnenballade dieses Motto voran:
„Zum Andenken der siebzehnjährigen Schönen Guten aus dem Dorfe Brienen, die am 13. Januar 1809 bei dem Eisgange des Rheins und dem großen Bruche des Dammes von Kleverham Hilfe reichend unterging."

Aufgabe

1. Lest die Ballade zunächst still. Markiert alle Sätze, die von Johanna Sebus gesprochen werden. Wer spricht außerdem?
2. Verteilt die Rollen. Bestimmt einen Erzähler. Tragt die Ballade mit verteilten Rollen vor.
3. Vergleicht die Infos aus Meldung/Mahnmal/Motto mit der Darstellung des dramatischen Ereignisses in der Ballade.
4. Welche Rolle spielt der Dialog für den Leser? Was leistet der Satzbau für die Darstellung des Geschehens? Wie gelingt es dem Dichter, das hereinbrechende Chaos darzustellen?
5. Schreibt eine Inhaltsangabe.

Flut über Holland

„Achtung! Achtung! Das Königlich Niederländische Meteorologische Institut zu De Bilt wiederholt seine Flutwarnung. In der Nacht zum Sonntag ist eine Springflut mit einem Höchstwasserstand von zwei Meter fünfzig über dem mittleren Hochwasser wahrscheinlich ..."

„Watersnood! Watersnood!" entlang der ganzen Küste. An Dutzenden Stellen brechen die Deiche, werden von der Flut einfach überrannt oder von ihr zernagt und bröckeln langsam ab, bis sie kein Hindernis mehr sind. Zu Hunderten versinken Gehöfte, Weiler, Dörfer, Städte.

Watersnood! Die See holt sich wieder, was ihr die Menschen in nimmermüdem Kampf abgerungen hatten.

Als es Tag wird, Sonntag, der 1. Februar 1953, da sind die Menschen zu Zehntausenden dem Kampf mit dem Wasser erlegen. Als Geschlagene klammern sie sich an Telegrafenstangen, sitzen sie auf den Dachfirsten und in den Baumkronen, sitzen sie auf Hügeln und Dammresten zusammengepfercht. Zu Hunderten treiben sie in Booten und auf Flößen aus losgerissenen Brettern, Türen, Balken, Möbelstücken. Der Regen peitscht auf sie nieder, Hagel mischt sich dazwischen und Schnee. Der scharfe Wind lässt die durchnässten Kleider am Körper gefrieren.

Aber die Holländer geben nicht auf.

Ganze Flotten von Küstendampfern, Fischerbarken, Vergnügungsbooten fahren aus, die königlichen Jachten sind auch darunter. Endlos sind die Kolonnen der Autos, die sich dem blinkenden Wasser zuschieben, die Hofautos neben Personenwagen aller Typen, Lastautos, Autobusse, Krankenwagen, schwarze Leichenwagen dazwischen; was Räder und Motor hat, rollt an die Front. Die Armee wird aufgeboten, ganz Holland tritt hinter sie. Das deutsche Technische Hilfswerk rollt zum Einsatz und die Wasserschutzpolizei hat ihre schnellen Boote rheinwärts dirigiert. Deutsche sitzen hinter dem Lenkrad amerikanischer Amphibienfahrzeuge, die mit Franzosen, Engländern, Holländern bemannt sind, sie steuern Traktoren aus Norwegen, Bulldozer aus Belgien, Schrapper, die aus Italien gekommen sind. Sie stellen sich in eine Reihe mit holländischen, französischen, englischen und amerikanischen Soldaten, wenn es gilt, einen bedrohten Damm zu verstärken, Sandsäcke zu füllen und auf den Schultern durch den Schlamm zu tragen, der selbst dem stärksten Automotor Halt gebietet. Ungezählt und namenlos sind die Helfer, viele Sprachen sprechen sie, Grenzen trennten ihre Länder und Herzen – bis gestern. Heute arbeiten sie Hand in Hand, eine Armee, aufgerufen von der Not des Nachbarn, aufgeboten von der menschlichen Hilfsbereitschaft.

Ein Hubschrauber fliegt kaum zehn Meter über der Wasseroberfläche. Der Funker hat das Glas vor den Augen, aufmerksam mustert er jeden Giebel, jede Stange und jeden Baum, der aus dem Wasser ragt. Da hängen schwarze Bündel in den Zweigen – Menschen. Das Flugzeug nähert sich, nur drei Meter über dem Baum hält es der Pilot in der Luft. Aber die in den Ästen regen sich nicht. Tot? Oder nur erschöpft, dass sie nicht einmal mehr zu winken vermögen? Die Kabinentür öffnet sich, eine Strickleiter wird ausgeworfen. Der Funker klettert heraus. Da sieht er, wie einer von denen auf dem Baum die Hand bewegt. Die anderen sind starr, erfroren, an Erschöpfung gestorben. Doch den Letzten, für den sie eben noch zurechtgekommen sind, hebt der Funker behutsam in die Kabine. Die Propeller drehen sich schneller, unter ihnen bleibt ein Baum zurück, in dem ein Halb Dutzend Leichen hängen.

Eine Woche nach der Katastrophennacht sind die letzten Überlebenden geborgen, rund 100 000 Menschen. An die 1 400 Tote werden gezählt, wie viele mag das Meer mit sich fortgenommen haben? Noch aber klaffen die Dämme, steht das Wasser meterhoch auf den Feldern, über den Straßen, in den Häusern.

Zehntausende eilen an die Deiche. Bombenflugzeuge bringen die Sandsäcke heran, über den Arbeitsgruppen öffnen sich die Bombenschächte und die Ballen leerer Säcke prasseln herunter. Männer stürzen sich auf sie, als wären sie Kostbarkeiten, Förderbänder nehmen die gefüllten Säcke auf ... Große Steine werden in die Breschen gekippt, Stämme in den Grund getrieben, Faschinen geflochten. Dahinter schütten sie den Deich wieder auf. So wächst Meter um Meter in mühsamer Arbeit, was in wenigen Minuten weggerissen worden war.

Bagger, Förderbänder, Kipper und Hunderte Hände füllen Sand, Schotter und Steine ein, vorbereitete Sprengladungen schlagen die Pontons leck, schnell sinken sie auf den Grund. Und immer wieder Steinblöcke, Sand, Schotter, Sand, Sand, bis der neue Damm hoch über das Wasser ragt...

Aufgabe

1. Was erfährst du aus dem Text über die Flutkatastrophe vom 1. 2. 1953?
2. Welche Helfer werden besonders hervorgehoben? Warum?
3. Vergleiche diesen Text mit der Ballade „Johanna Sebus". Worin unterscheiden sie sich?
4. Schreibe einen kurzen Text über die Flut in Holland, in der ein Einzelschicksal herausgehoben wird.

Willkommen und Abschied

Willkommen und Abschied

Es __________ mein Herz, geschwind zu Pferde!
Es war getan fast eh' gedacht;
Der Abend __________ schon die Erde,
Und an den Bergen __________ die Nacht:
Schon stand im Nebelkleid die Eiche,
Ein __________ Riese, da,
Wo Finsternis aus dem Gesträuche
Mit hundert __________ Augen sah.

Der Mond von einem Wolkenhügel
Sah __________ aus dem Duft hervor,
Die Winde schwangen __________ Flügel,
Umsausten __________ mein Ohr;
Die Nacht schuf tausend Ungeheuer,
Doch frisch und __________ war mein Mut:
In meinen Adern, welches Feuer!
In meinem Herzen, welche Glut!

Dich sah ich und die __________ Freude
Floss von dem __________ Blick auf mich,
Ganz war mein Herz an deiner Seite
Und jeder Atemzug für dich.
Ein __________ Frühlingswetter
Umgab das __________ Gesicht,
Und Zärtlichkeit für mich – ihr Götter!
Ich hofft' es, ich __________ es nicht!

Doch ach! schon mit der Morgensonne
__________ der Abschied mir das Herz:
In deinen Küssen, welche Wonne!
In deinem Auge, welcher Schmerz!
Ich ging, du __________ und __________ zur Erden
Und sahst mir nach mit __________ Blick:
Und doch, welch Glück, __________ zu werden!
Und lieben, Götter, welch ein Glück!

Aufgabe

1. In diesem Gedicht fehlen einige Verben und Adjektive.
   Vervollständige das Gedicht.
2. Überlege, in welcher Situation und in welcher Stimmung sich der Ich-Erzähler befindet.

Der Sänger – eine Ballade, die gut ausgeht

„Was hör ich draußen vor dem Tor,
Was auf der Brücke schallen?
Lass den Gesang vor unserm Ohr
Im Saale widerhallen!“
Der König sprach's, der Page lief,
Der Knabe kam, der König rief:
„Lasst mir herein, den Alten!“

„Gegrüßet seid mir, edle Herrn,
Gegrüßt ihr, schöne Damen!
Welch reicher Himmel! Stern bei Stern!
Wer kennet ihre Namen?
Im Saal voll Pracht und Herrlichkeit –
Schließt, Augen, euch: hier ist nicht Zeit,
Sich staunend zu ergötzen.“

Der Sänger drückt' die Augen ein
Und schlug in vollen Tönen:
Die Ritter schauten mutig drein
Und in den Schoß die Schönen.
Der König, dem das Lied gefiel,
Ließ, ihn zu ehren für sein Spiel,
Eine goldene Kette reichen.

„Die goldne Kette gib mir nicht,
Die Kette gib den Rittern,
Vor deren kühnem Angesicht
Der Feinde Lanzen splittern.
Gib sie dem Kanzler, den du hast,
Und lass ihn noch die goldne Last
Zu andern Lasten tragen.

Ich singe, wie der Vogel singt,
Der in den Zweigen wohnet:
Das Lied, das aus der Kehle dringt,
Ist Lohn, der reichlich lohnet:
Doch darf ich bitten, bitt ich eins:
Lass mir den besten Becher Weins
In purem Golde reichen.“

Er setzt' ihn an, er trank ihn aus:
„O Trank voll süßer Labe!
O wohl dem hochbeglückten Haus,
Wo das ist kleine Gabe!
Ergeht's euch wohl, so denkt an mich,
Und danket Gott so warm, als ich
Für diesen Trunk euch danke.“

Goethes „Sänger“ ist keine übliche Ballade, wo der Held in eine schwierige Situation kommt und meistens tragisch untergeht.
„Der Sänger“ ist ein lebendiges Bild, eine stimmungsvolle Schilderung mittelalterlichen Lebens. Goethe stellt darin das Grundmuster des Staates dar. Um keine Verwechslungen mit der gesellschaftlichen Realität seiner Zeit hervorzurufen, rückt er die Ballade in eine unbestimmte Ferne. Im Mittelalter wird die Regierung durch den König repräsentiert, die Verwaltung durch den Kanzler und das Militär durch die Ritter. Goethe geht es um das Zusammenspiel von staatlicher Ordnung und schöpferischer Freiheit. In zwei Themen spiegelt sich das: 1. Die Freiheit des Künstlers (Ich singe, wie der Vogel singt ...).
2. Die Gleichrangigkeit von Künstler und Staatsmann (König und Sänger stehen ebenbürtig nebeneinander. Siehe das historische Gemälde).

Die Zeichnung von Theobald von Oer, eine historisierende Darstellung, illustriert das gesellschaftliche Leben am mittelalterlichen Königshof, an dem auch der Sänger – der Troubadour – eine wichtige Rolle spielt.

Aufgabe

1. Lest die Ballade mit verteilten Rollen (König, Sänger, Erzähler).
2. Was erfährt man in dem Gedicht über die Rolle des Königs, des Ritters, des Kanzlers, des Pagen, der Frauen, des Sängers?
3. Schreibt eine Inhaltsangabe der Ballade – oder eine Interpretation.

Fortsetzung auf Seite 49

Fortsetzung von Seite 48

Der Sänger – ein Vergleich der drei Fassungen

1. Fassung 1780

Was hör' ich draußen vor dem Tor?
Was schallet auf der Brücken?
Es dringet bis zu meinem Ohr
Die Stimme voll Entzücken.
Der König sprach's, der Page lief,
Der Knabe kam, der König rief:
Lasst ihn herein, den Alten.

Gegrüßet seid ihr, hohe Herrn,
Gegrüßt ihr, schöne Damen!
Welch reicher Himmel Stern bei Stern!
Wer kennet ihre Namen?
Im Saal voll Pracht und Herrlichkeit
Schließt, Augen, euch, hier ist nicht Zeit,
Sich staunend zu ergötzen.

Der Sänger drückt' die Augen ein,
Und schlug in vollen Tönen;
Die Ritter schauten mutig drein
Und in den Schoß die Schönen.
Der Fürst, dem es so wohl gefiel,
Ließ, ihn zu lohnen für das Spiel,
Ein' goldne Kette holen.

Die goldne Kette gib mir nicht,
Die Kette gib den Rittern,
Vor deren kühnem Angesicht
Der Feinde Lanzen splittern;
Gib sie dem Kanzler, den du hast,
Und lass ihn noch die goldne Last
Zu andern Lasten tragen.

Ich singe, wie der Vogel singt,
Der in den Zweigen wohnet,
Das Lied, das aus der Kehle dringt,
Ist Lohn, der reichlich lohnet;
Doch darf ich bitten, bitt' ich eins,
Lass mir den besten Becher Weins
In purem Golde reichen!

Er setzt' ihn an, er trank ihn aus:
O Trank voll süßer Labe!
Er rief: O hochbeglücktes Haus,
Wo das ist kleine Gabe!
Ergeht's euch wohl, so denkt an mich,
Und danket Gott so warm, als ich
Für diesen Trunk euch danke!

2. Fassung 1795

„Was hör' ich draußen vor dem Tor,
Was auf der Brücke schallen?
Lasst den Gesang zu unserm Ohr
Im Saale widerhallen!"
Der König sprach's, der Page lief,
Der Knabe kam, der König rief:
„Bring ihn herein, den Alten."

„Gegrüßet seid, ihr hohen Herrn,
Gegrüßt ihr, schöne Damen!
Welch reicher Himmel! Stern bei Stern!
Wer kennet ihre Namen?
Im Saal voll Pracht und Herrlichkeit
Schließt, Augen, euch, hier ist nicht Zeit,
Sich staunend zu ergötzen."

Der Sänger drückt' die Augen ein
Und schlug die vollen Töne;
Der Ritter schaute mutig drein,
Und in den Schoß die Schöne.
Der König, dem das Lied gefiel,
Ließ ihm zum Lohne für sein Spiel
Eine goldne Kette holen.

„Die goldne Kette gib mir nicht,
Die Kette gib den Rittern,
Vor deren kühnem Angesicht
Der Feinde Lanzen splittern.
Gib sie dem Kanzler, den du hast,
Und lass ihn noch die goldne Last
Zu andern Lasten tragen.

Ich singe, wie der Vogel singt,
Der in den Zweigen wohnet.
Das Lied, das aus der Kehle dringt,
Ist Lohn, der reichlich lohnet;
Doch darf ich bitten, bitt' ich eins,
Lass einen Trunk des besten Weins
In reinem Glase bringen."

Er setzt' es an, er trank es aus:
„O Trank der süßen Labe!
O! dreimal hochbeglücktes Haus,
Wo das ist kleine Gabe!
Ergeht's euch wohl, so denkt an mich,
Und danket Gott so warm, als ich
Für diesen Trunk euch danke."

Aufgabe

Goethe konnte sicherlich dichten und verstand sein „Handwerk" wie kein Zweiter. Dennoch feilte er an seinen Werken und überarbeitete sie.

1. Vergleicht die drei Fassungen vom Sänger (Die 3. und letzte Fassung findet ihr auf Seite 48). Welche inhaltlichen und sprachlichen Veränderungen gibt es? Unterstreicht die Stellen, schreibt sie heraus und überlegt, worin der Wert der jeweiligen Änderung besteht.
2. Der sprachliche Ausdruck hat immer inhaltliche Bedeutung. Welche Veränderung bekommt z. B. die Aussage in der letzten Zeile der ersten Strophe in den drei Fassungen?
3. Untersucht die poetische Form: Versmaß, Zeilenstruktur, Reimform, Strophenart, Bildaufbau, Gesamtanlage ...
   Übrigens: Was sagt ihr zur Schlusszeile jeder Strophe?

Der Zauberlehrling

Der Zauberlehrling

Hat der alte Hexenmeister
Sich doch einmal wegbegeben!
Und nun sollen seine Geister
Auch nach meinem Willen leben!
Seine Wort' und Werke
Merkt' ich und den Brauch,
Und mit Geistesstärke
Tu ich Wunder auch.

Und nun komm, du alter Besen1
Nimm die schlechten Lumpenhüllen!
Bist schon lange Knecht gewesen;
Nun erfülle meinen Willen!
Auf zwei Beinen stehe,
oben sei ein Kopf,
Eile nun und gehe
Mit dem Wassertopf!

Seht, er läuft zum Ufer nieder;
Wahrlich! ist schon an dem Flusse,
Und mit Blitzesschnelle wieder
Ist er hier mit raschem Gusse.
Schon zum zweiten Male!
Wie das Becken schwillt!
Wie sich jede Schale
Voll mit Wasser füllt!

Ach, das Wort, worauf am Ende
Er das wird, was er gewesen.
Ach, er läuft und bringt behände!
Wärst du doch der alte Besen!
Immer neue Güsse
Bringt er schnell herein,
Ach! und hundert Flüsse
Stürzen auf mich ein.

O du Ausgeburt der Hölle!
Soll das ganze Haus ersaufen?
Seh' ich über jede Schwelle
Doch schon Wasserströme laufen.
Ein verruchter Besen,
Der nicht hören will!
Stock, der du gewesen,
Steh doch wieder still!

Seht, da kommt er schleppend wieder!
Wie ich mich nun auf dich werfe,
Gleich, o Kobold, liegst du nieder;
Krachend trifft die glatte Schärfe!
Wahrlich, brav getroffen!
Seht, er ist entzwei!
Und nun kann ich hoffen,
Und ich atme frei!

Und sie laufen! Naß und nässer
Wird's im Saal und auf den Stufen.
Welch entsetzliches Gewässer!
Herr und Meister! hör mich rufen! –
Ach, da kommt der Meister!
Herr, die Not ist groß!
Die ich rief, die Geister,
Werd ich nun nicht los.

Fortsetzung auf Seite 51

Fortsetzung von Seite 50

In dieser Ballade fehlen folgende Strophen:

Willst 's am Ende
Gar nicht lassen?
Will dich fassen,
Will dich halten,
Und das alte Holze behände
Mit dem scharfen Beile spalten.

❧

„In die Ecke,
Besen! Besen!
Seid's gewesen!
Denn als Geister
Ruft euch nur, zu diesem Zwecke,
Erst hervor der alte Meister."

❧

Walle! walle
Manche Strecke,
Dass, zum Zwecke,
Wasser fließe
Und mit reichem, vollem Schwalle
Zu dem Bade sich ergieße.

❧

Nein, nicht länger
kann ich's lassen;
Will ihn fassen.
Das ist Tücke!
Ach! nun wird mir immer bänger!
Welche Miene! welche Blicke!

❧

Wehe! wehe!
Beide Teile
Stehn in Eile
Schon als Knechte
Völlig fertig in die Höhe!
Helft mir, ach! ihr hohen Mächte!

❧

Walle! walle
Manche Strecke,
Dass, zum Zwecke,
Wasser fließe
Und mit reichem, vollem Schwalle
Zu dem Bade sich ergieße.

❧

Stehe! stehe!
Denn wir haben
Deiner Gaben
Vollgemessen! –
Ach, ich merk es! Wehe! wehe!
Hab ich doch das Wort vergessen!

❧

Aufgabe

1. Füge die fehlenden Strophen ein.
2. Schreibe eine Ich-Erzählung aus der Sicht des Besens. (Wie nimmt er den Zauberlehrling wahr?)
   Tipp: ironisch, belustigend, verärgert, ...

Der Totentanz

Der Türmer, der schaut zu Mitten der Nacht
hinab auf die Gräber in Lage;
Der Mond, der hat alles ins Helle gebracht:
Der Kirchhof, er liegt wie am Tage.
Da regt sich ein Grab und ein anderes dann:
Sie kommen hervor, ein Weib da, ein Mann,
In weißen und schleppenden Hemden.

Das reckt nun, es will sich ergetzen sogleich,
Die Knöchel zur Runde, zum Kranze,
So arm und so jung und so alt und so reich;
Doch hindern die Schleppen am Tanze.
Und weil hier die Scham nun nicht weiter gebeut,
Sie schütteln sich alle, da liegen zerstreut
Die Hemdelein über den Hügeln.

Nun hebt sich der Schenkel, nun wackelt das Bein,
Gebärden da gibt es vertrackte;
Dann klippert's und klappert's mitunter hinein,
Als schlüg' man die Hölzlein zum Takte.
Das kommt nun dem Türmer so lächerlich vor;
Da raunt ihm der Schalk der Versucher ins Ohr:
Geh! Hole dir einen der Laken.

Getan wie gedacht! Und er flüchtet sich schnell
Nun hinter geheiligte Türen.
Der Mond und noch immer er scheinet so hell
Zum Tanz, den sie schauderlich führen.
Doch endlich verlieret sich dieser und der,
Schleicht eins nach dem andern gekleidet einher
Und husch, ist es unter dem Rasen.

Nur einer, der trippelt und stolpert zuletzt
Und tappet und grapst an den Grüften;
Doch hat kein Geselle so schwer ihn verletzt;
Er wittert das Tuch in den Lüften.
Er rüttelt die Turmtür, sie schlägt ihn zurück,
Geziert und gesegnet, dem Türmer zum Glück;
Sie blinkt von metallenen Kreuzen.

Das Hemd muss er haben, da rastet er nicht,
Da gilt auch kein langes Besinnen,
Den gotischen Zierrat ergreift nun der Wicht
Und klettert von Zinne zu Zinnen.
Nun ist's um den armen, den Türmer getan!
Es ruckt sich von Schnörkel zu Schnörkel hinan,
Langbeinigen Spinnen vergleichbar.

Der Türmer erbleichet, der Türmer erbebt,
Gern gäb er ihn wieder den Laken.
Da häkelt – jetzt hat er am längsten gelebt –
Den Zipfel ein eiserner Zacken.
Schon trübet der Mond sich verschwindenden
Scheins,
Die Glocke, sie donnert ein mächtiges Eins
Und unten zerschellt das Gerippe.

Die Quelle des Balladenstoffes

Die Ballade beruht auf einer böhmischen Sage. Einem auferstandenen Toten wird das Totenhemd entwendet. Ohne Hemd vermag er aber nicht ins Grab zurückzukehren.
Goethe greift auch auf Sitten und Bräuche der Landleute zurück und arbeitet abergläubische Vorstellungen des Mittelalters und seiner Zeit mit ein:

- die Geisterstunde
- der Schutz durch geheiligte Kirchentüren
- die Macht des Kreuzes
- Ausrüstung der Toten für ein Leben im Jenseits
- Vorbeugemaßnahmen gegen die Rückkehr der Toten in die Welt der Lebenden
- Furcht vor Scheintod
- Glauben an unerlöste Seelen, die im Leben schwere Schuld auf sich geladen haben
- Rache an Lebenden
- Geisterspuk auf nächtlichen Friedhöfen

Aufgabe

1. Lies die gruselige Spaßballade flüsternd.
2. In welchen Versen erkennst du Goethes Quellen wieder?

Fortsetzung von Seite 52

A. Textstellen:

Unterstreiche die gruseligen Stellen schwarz und die komischen rot. Trage sie im Hausheft in eine Tabelle ein.

Strophe	gruselige Elemente	komische Elemente
1	Mitternacht* Gräber*	
	regt sich ein Grab* sie	
	kommen hervor	
2		hindern die Schleppen*
		schütteln sich
		... usw.

B Inhaltsübersicht:

Fasse stichwortartig den Inhalt der einzelnen Strophen zusammen.
* Schreibe eine Inhaltsangabe mit Einleitung, Hauptteil und Schluss.

1. Strophe:	Mitternacht* Türmer allein auf dem Turme* Heraufsteigen
	der Toten aus ihren Gräbern in weißen Hemden
2. Strophe:	Aufstellen zum Tanz* alle Unterschiede
	... usw.

C. Vortrag:

Kennzeichne dir anhand der folgenden Anmerkungen die Vortragsweise der Ballade (die Betonungen, die Pausen, die Stimmführung und die Klangspiele).

1. Strophe: Am Anfang herrscht ein neutral berichtender Ton vor. In den letzten drei Versen muss das Einbrechen des Unheimlichen deutlich gemacht werden.
2. Strophe: Der Ton der Schlussverse der 1. Strophe wird fortgesetzt.
3. Strophe: Die Schlüsselwörter „vertrackte Gebärden", „lächerlich", „Schalk" müssen beachtet werden. Der Ton ist nicht mehr ernst, sondern wird ironisch.
4. Strophe: Der ironische Ton setzt sich fort.
5. Strophe: Auch hier herrscht der ironische Ton vor.

6./7. Strophe: Die Stimmung schlägt wieder um in Angst und dann in Erleichterung am Ende.

Zusammenarbeit auf höchster Ebene

Das Denkmal Goethes und Schillers vor dem Deutschen Nationaltheater in Weimar

Zweizeiler im Dreiertakt

Die Dichterfürsten Goethe und Schiller waren Freunde. Sie regten sich gegenseitig durch Gespräche und Briefe in ihrem literarischen Schaffen an. Sie schrieben sogar kurze Gedankengedichte, die „Xenien“, gemeinsam. Die „Xenien“ (= Gastgeschenke) sind Sinnsprüche oder Spottverse in Form von Distichen, d. h. von Zweizeilern, die überwiegend im Dreiertakt (Daktylus) stehen. Die erste Zeile ist ein Hexameter, die zweite ein Pentameter. Der Versrhythmus ist daktylisch, auch wenn das Taktschema im Deutschen nicht immer vollständige Daktylen besitzt. Beide Verse haben immer sechs Hebungen.

Bei ihrer Zusammenarbeit gab einer der Dichter die erste Zeile vor, der andere schrieb die zweite dazu; oder einer nannte das Thema, der andere brachte es in die Form.

Schiller schrieb ein Distichon über das Distichon:

/ ∪ / ∪∪ / ∪ / ∪ / ∪∪ / ∪
Im Hexameter steigt des Springquells flüssige Säule,

/ ∪ / ∪∪ / / ∪ ∪ / ∪ ∪ /
im Pentameter drauf fällt sie melodisch herab.

Im Pentameter fehlen immer nach dem dritten Daktylus die beiden Senkungen.

Wechselwirkung

/ ∪ / ∪ ∪ / ∪ ∪ / ∪ / ∪ / / ∪
Kinder werfen den Ball an die Wand und fangen ihn wieder;
/ ∪ ∪ / ∪ ∪ / / ∪ / ∪ ∪ /
aber ich lobe das Spiel, wirft der Freund ihn zurück.

Der berufene Leser

Welchen Leser ich wünsche? Den unbefangensten, der mich,
sich und die Welt vergisst und in dem Buche nur lebt.

Die Sicherheit

Nur das feurige Ross, das mutige, stürzt auf der Rennbahn,
mit bedachtem Pass schreitet der Esel daher.

Deutscher Nationalcharakter

Zur Nation euch zu bilden, ihr hofft es, Deutsche, vergebens;
bildet, ihr könnt es, dafür freier zu Menschen euch aus.

Xenien

Koffer führen wir nicht. Wir führen nicht mehr, als zwei Taschen
tragen, und die, wie bekannt, sind bei Poeten nicht schwer.

Aufgabe

1. Markiert beim lauten Lesen die Hebungen mit / und die Senkungen mit ∪.
2. Denkt über jeden Sinnspruch nach und diskutiert über seinen Sinn. Beachtet die Titel.

Zwei Formen der Lyrik

Dämmrung senkte sich von oben

Empfindungslyrik

Dämmrung senkte sich von oben,
Schon ist alle Nähe fern;
Doch zuerst emporgehoben
Holden Lichts der Abendstern!
Alles schwankt ins Ungewisse,
Nebel schleichen in die Höh';
Schwarz vertiefte Finsternisse
Widerspiegelnd ruht der See.

Nun am östlichen Bereiche
Ahn ich Mondenglanz und -glut,
Schlanker Weiden Haargezweige
Scherzen auf der nächsten Flut.
Durch bewegter Schatten Spiele
Zittert Lunas Zauberschein,
Und durchs Auge schleicht die Kühle
Sänftigend ins Herz hinein.

Goethes Haus im Park an der Ilm außerhalb Weimars, sein Wohnsitz von 1776 bis 1782. Auch nach dem Erwerb des größeren Hauses am Frauenplan kehrte er noch oft hierher zurück

Haus an der Ilm

Gedankenlyrik

Übermütig sieht's nicht aus,
hohes Dach und niedres Haus;
allen, die daselbst verkehrt,
ward ein guter Mut beschert.
Schlanker Bäume grüner Flor,
selbst gepflanzter, wuchs empor.
Geistig ging zugleich alldort
Schaffen, Hegen, Wachsen fort.

Aufgabe

1. Welche Empfindungen löst die Reihe der Naturvorgänge beim „lyrischen Ich" (dem Dichter) aus? Wie wandeln sich Gefühl und Stimmung von der 1. zur 2. Strophe?
2. Arbeitet inhaltliche und sprachliche Gegensätze in den beiden Strophen heraus. Unterstreicht Nomen und Verben, die diesen Gegensatz zum Ausdruck bringen.
3. Durch lautes Lesen kannst du Rhythmus und Melodie der Gedichtzeilen nachempfinden.

Aufgabe

1. Gliedert das Gedicht nach Anschauungen, Beschreibungen und Gedanken/Überlegungen.
2. Vergleicht die beiden lyrischen Gedichte miteinander nach Inhalt und Form. Überprüft Versmaß und Reimfolge sowie die Satzfügungen in beiden Gedichten. Was leisten sie für den gedanklichen bzw. stimmungshaften Gehalt der jeweiligen Gedichte?

Neue Liebe – neues Leben – neue Lyrik

1. Die auf den folgenden Seiten abgedruckten Liebesgedichte Goethes sind in verschiedenen Lebensabschnitten entstanden. Sie verdeutlichen, wie der Dichter die Empfindungen der Liebe verarbeitet. Sie offenbaren unterschiedliche Sichtweisen und Veränderungen im Stil.
Versucht diese Aspekte vergleichend herauszuarbeiten.

Als 16-Jähriger begann Goethe sein Jurastudium in Leipzig. Seine frühen dichterischen Versuche aus dieser Zeit sind uns keineswegs alle bekannt. Einen Teil davon soll er selbst verbrannt haben.
Die Freundschaft und schwärmerische Liebe zu der Gastwirtstochter Kätchen Schönkopf haben den jugendlichen Goethe in erste Liebesabenteuer verstrickt. Er wurde angeregt, Verse und Lieder zu schreiben, die durch anakreontische Tändeleien und eine blumige, wohlklingende Sprache gekennzeichnet sind.
Die in dieser Zeit entstandenen Gedichte sind in dem Leipziger Liederbuch „Anette" zusammengefasst.

An den Mond

Schwester von dem ersten Licht,
Bild der Zärtlichkeit in Trauer!
Nebel schwimmt mit Silberschauer
Um dein reizendes Gesicht;
Deines leisen Fußes Lauf
Weckt aus tagverschlossnen Höhlen
Traurig abgeschiedne Seelen,
Mich und nächt'ge Vögel auf.

Forschend übersieht dein Blick
Eine großgemessne Weite,
Hebe mich an deine Seite!
Gib der Schwärmerei dies Glück;
Und in wollustvoller Ruh
Säh der weitverschlagne Ritter
Durch das gläserne Gegitter
Seines Mädchens Nächten zu.

Dämmrung, wo die Wollust thront,
Schwimmt um ihre runden Glieder.
Trunken sinkt mein Blick hernieder.
Was verhüllt man wohl dem Mond?
Doch was das für Wünsche sind!
Voll Begierde zu genießen,
So da droben hängen müssen;
Ei, da schieltest du dich blind.

2. Weist den anakreontischen Stil des Gedichts „An den Mond" nach.

Fortsetzung auf Seite 57

Fortsetzung von Seite 56

Goethe lernte als 21-jähriger Student während seiner Ausflüge in die nähere Umgebung Straßburgs, seines Studienortes, die Tochter des Pfarrers von Sesenheim, Friederike Brion, kennen und lieben.
Die Gedichte, die Goethe in dieser Zeit schrieb, sind in den „Sesenheimer Liedern" zusammengefasst und Friederike gewidmet.

Neue Liebe, neues Leben

Herr, mein Herz, was soll das geben?
Was bedränget dich so sehr?
Welch ein fremdes, neues Leben!
Ich erkenne dich nicht mehr.
Weg ist alles, was du liebtest,
Weg, warum du dich betrübtest,
Weg dein Fleiß und deine Ruh _
Ach, wie kamst du nur dazu!

Fesselt dich die Jugendblüte,
Diese liebliche Gestalt,
Dieser Blick voll Treu und Güte
Mit unendlicher Gewalt?
Will ich rasch mich ihr entziehen,
Mich ermannen, ihr entfliehen,
Führet mich im Augenblick,
Ach, mein Weg zu ihr zurück.

Und an diesem Zauberfädchen,
Das sich nicht zerreißen lässt,
Hält das liebe, lose Mädchen
Mich so wider Willen fest;
Muss in ihrem Zauberkreise
Leben nun auf ihre Weise.
Die Verändrung, ach, wie groß!
Liebe! Liebe! lass mich los!

(1774/75)

Friederike Brion (1752 –1813).

Goethe: Pfarrhaus von Sesenheim. Rötelzeichnung 1770

Aufgabe

1. Beschreibt mit eigenen Worten die Empfindungen des lyrischen Ichs. Stellt heraus, auf welche Art und Weise die Gefühle zum Ausdruck gebracht werden.

2. Die so genannte „Sesenheimer Lyrik" verdeutlicht sehr gut Wesenszüge der Sturm-und-Drang-Dichtung. Versucht auf der Basis dieses Gedichts einige herauszustellen.

3. Zu weiteren sehr bekannten Gedichten, die in diese Schaffensperiode einzuordnen sind, gehören z. B. das „Mailied", das „Heidenröslein" und „Willkommen und Abschied". Interpretiert sie vergleichend als typische Gedichte des Sturm und Drang.

Fortsetzung auf Seite 58

Fortsetzung von Seite 57

Neue Liebe – neues Leben – neue Lyrik

1775 folgte Goethe einer Einladung des jungen Herzogs Karl August nach Weimar, welches Goethes neue Heimat wurde. Der Herzog ernannte Goethe zum Geheimen Legationsrat, führte seinen neuen Freund in die Staatsgeschäfte ein und übertrug ihm eine Vielzahl von Aufgaben.
Unter den Damen der Hofgesellschaft lernte Goethe Charlotte von Stein kennen, die Frau des Oberstallmeisters und Mutter von sieben Kindern.
Charlotte wurde ihm nicht nur wertvolle Gesprächspartnerin und vertraute Freundin; er hegte auch tiefer gehende Empfindungen ihr gegenüber, obwohl diese Frau für ihn unerreichbar war.
Frau von Stein empfand nicht nur eine Art geschwisterliche Liebe für den jungen Goethe, sie beeinflusste und formte ihn entscheidend.
Am 14. 4. 1776 widmete Goethe ihr eines seiner bekanntesten Liebesgedichte.

Gedichte

An Charlotte von Stein

Warum gabst du uns die tiefen Blicke,
Unsre Zukunft ahnungsvoll zu schaun,
Unsrer Liebe, unserm Erdenglücke
Wähnend selig nimmer hinzutraun?
Warum gabst uns, Schicksal, die Gefühle,
Uns einander in das Herz zu sehn,
Um durch all die seltenen Gewühle
Unser wahr Verhältnis auszuspähn?

Ach, so viele tausend Menschen kennen,
Dumpf sich treibend, kaum ihr eigen Herz,
Schweben zwecklos hin und her und rennen
Hoffnungslos in unversehnem Schmerz;
Jauchzen wieder, wenn der schnellen Freuden
unerwart'te Morgenröte tagt.
Nur uns armen liebevollen beiden
Ist das wechselseit'ge Glück versagt,
Uns zu lieben, ohn uns zu verstehen,
In dem anderen sehn, was er nie war,
Immer frisch auf Traumglück auszugehen
Und zu schwanken auch in Traumgefahr.

Glücklich, den ein leerer Traum beschäftigt,
Glücklich, dem die Ahnung eitel wär!
Jede Gegenwart und jeder Blick bekräftigt
Traum und Ahnung leider uns noch mehr.
Sag, was will das Schicksal uns bereiten?
Sag, wie band es uns so rein genau?
Ach, du warst in abgelebten Zeiten
Meine Schwester oder meine Frau.

Kanntest jeden Zug in meinem Wesen,
Spähtest, wie die reinste Nerve klingt,
Konntest mich mit *einem* Blicke lesen,
Den so schwer ein sterblich Aug durchdringt.
Tropftest Mäßigung dem heißen Blute,
Richtetest den wilden irren Lauf,
Und in deinen Engelsarmen ruhte
Die zerstörte Brust sich wieder auf;
Hieltest zauberleicht ihn angebunden
Und vergaukeltest ihm manchen Tag.
Welche Seligkeit glich jenen Wonnestunden,
Da er dankbar dir zu Füßen lag,
Fühlt' sein Herz an deinem Herzen schwellen,
Fühlte sich in deinem Auge gut,
Alle seine Sinnen sich erhellen
Und beruhigen sein brausend Blut!

Und von allem dem schwebt ein Erinnern
Nur noch um das ungewisse Herz,
Fühlt die alte Wahrheit ewig gleich im Innern,
Und der neue Zustand wird ihm Schmerz.
Und wir scheinen uns nur halb beseelet,
Dämmernd ist um uns der hellste Tag.
Glücklich, dass das Schicksal, das uns quälet,
Uns doch nicht verändern mag!

(1776)

Charlotte von Stein, undatierter Stahlstich

Aufgabe

1. Beschreibe die Liebe, von der hier die Rede ist, mit eigenen Worten.
2. Untersucht, was der geliebte Partner für das lyrische Ich bedeutet.
3. Welche Anforderungen stellst du in der heutigen Zeit an deinen Partner?

Fortsetzung auf Seite 59

Fortsetzung von Seite 58

An den Mond
(Erste Fassung)

Füllest wieder 's liebe Tal
Still mit Nebelglanz,
Lösest endlich auch einmal
Meine Seele ganz.

Breitest über mein Gefild
Lindernd deinen Blick
Wie der Liebsten Auge, mild
Über mein Geschick.

Das du so beweglich kennst,
Dieses Herz in Brand,
Haltet ihr wie ein Gespenst
an den Fluss gebannt.

Wenn in öder Winternacht
Er vom Tode schwillt,
Und bei Frühlingslebens Pracht
An den Knospen quillt.

Selig, wer sich vor der Welt
Ohne Hass verschließt,
Einen Mann am Busen hält
Und mit dem genießt,

Was von Menschen unbewusst
Oder wohl veracht'
Durch das Labyrinth der Brust
Wandelt in der Nacht.

(1778/79)

Goethe schrieb Frau von Stein über 1700 Briefe (obwohl sie sich lange Zeit fast täglich sahen), in die häufig Gedichte, Tagebuchaufzeichnungen, Naturbeschreibungen oder Zeichnungen eingestreut waren. Ein Beispiel dafür ist die erste Fassung des nebenstehenden Gedichtes „An den Mond". Die zweite Fassung dieses Gedichtes entstand kurz vor Goethes Italienreise 1786. Beide Gedichte tragen biografische Züge.

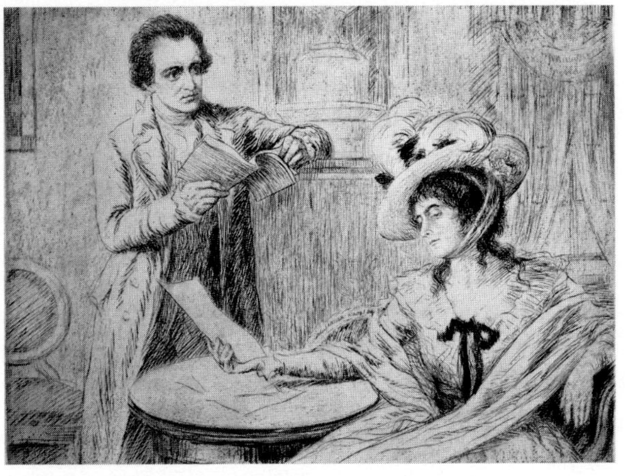

Goethe und Charlotte von Stein

An den Mond
(Zweite Fassung)

Füllest wieder Busch und Tal
Still mit Nebelglanz,
Lösest endlich auch einmal
Meine Seele ganz;

Breitest über mein Gefild
Lindernd deinen Blick,
Wie des Freundes Auge mild
Über mein Geschick.

Jeden Nachklang fühlt mein Herz
Froh- und trüber Zeit,
Wandle zwischen Freud und Schmerz
In der Einsamkeit.

Fließe, fließe, lieber Fluss!
Nimmer werd ich froh
So verrauschte Scherz und Kuss,
Und die Treue so.

Ich besaß es doch einmal,
Was so köstlich ist!
Dass man doch zu seiner Qual
Nimmer es vergisst!

Rausche, Fluss, das Tal entlang
Ohne Rast und Ruh,
Rausche, flüstre meinem Sang
Melodien zu,

Wenn du in der Winternacht
wütend überschwillst,
Oder um die Frühlingspracht
Junger Knospen quillst.

Selig, wer sich vor der Welt
Ohne Hass verschließt,
Einen Freund am Busen hält
Und mit dem genießt,

Was, von Menschen nicht gewusst
Oder nicht bedacht,
Durch das Labyrinth der Brust
Wandelt in der Nacht.

(1786)

Aufgabe

1. Versucht herauszustellen, welche symbolische Wirkung der Mond in beiden Gedichtfassungen hat.
2. Umschreibt mit eigenen Worten die Stimmung, die für das lyrische Ich in der ersten Gedichtfassung kennzeichnend ist. Durch welche sprachlich-stilistischen Mittel wird dies hauptsächlich bewirkt?
3. An welchen Stellen könnten autobiografische Aspekte enthalten sein? Versucht sie zu deuten.
4. Vergleicht die Grundstimmung der zweiten Gedichtfassung mit der ersten. Stellt Gemeinsamkeiten und Unterschiede heraus.
5. Welche biografischen Hintergründe könnten die Veränderungen bewirkt haben? Achtet auf das Entstehungsjahr der Zweitfassung.
6. Das zweite Gedicht enthält auch autobiografische Rückverweise. Findet sie heraus und deutet sie.

Fortsetzung auf Seite 60

Fortsetzung von Seite 59

Neue Liebe – neues Leben – neue Lyrik

Kurz nach seiner Rückkehr aus Italien 1788 lernte Goethe die damals 24-jährige Christiane Vulpius kennen. Sie war eine einfache Blumenmacherin und Goethe begegnete ihr auf dem Markt.
Er schloss mit ihr den Bund fürs Leben und pries von nun an in vielen Briefen und Äußerungen seine glückliche Häuslichkeit, aber erst 1806 heiratete er Christiane. (Davon werden ihn zuvor sicher hauptsächlich gesellschaftliche Schranken und der Bildungsunterschied abgehalten haben.)
Die beiden folgenden abgedruckten Gedichtfassungen sind Christiane gewidmet.

Im Vorübergehn

Ich ging im Felde
So für mich hin,
Und nichts zu suchen,
Das war mein Sinn.

Da stand ein Blümchen
Sogleich so nah,
Dass ich im Leben
Nichts lieber sah.

Ich wollt' es brechen,
Da sagt' es schleunig:
„Ich habe Wurzeln,
Die sind gar heimlich.

Im tiefen Boden
Bin ich gegründet;
Drum sind die Blüten
So schön geründet.

Ich kann nicht liebeln,
Ich kann nicht schranzen;
Musst mich nicht brechen,
Musst mich verpflanzen."

Ich ging im Walde
So vor mich hin;
Ich war so heiter,
Wollt' immer weiter –
Das war mein Sinn.

(frühe Fassung)

Cristiane–Zeichnung

Gefunden

Ich ging im Walde
So für mich hin,
Und nichts zu suchen,
Das war mein Sinn.

Im Schatten sah ich
Ein Blümchen stehn,
Wie Sterne leuchtend,
Wie Äuglein schön.

Ich wollt' es brechen,
Da sagt es fein:
„Soll ich zum Welken
Gebrochen sein?"

Ich grub's mit allen
Den Würzlein aus,
Zum Garten trug ich's
Am hübschen Haus.

Und pflanzt' es wieder
Am stillen Ort;
Nun zweigt es immer
Und blüht so fort.

(1813)

Aufgabe

1. Interpretiert die beiden Gedichte zunächst als reine Naturgedichte.
2. Bezieht nun den biografischen und gesellschaftlichen Hintergrund mit ein und deutet erneut. Achtet insbesondere auf die Beschreibung des Blümchens in allen Einzelheiten und auf die Entstehungszeit der Fassungen.
3. Versucht das Gedicht zu illustrieren.

Fortsetzung auf Seite 60

Fortsetzung von Seite 60

1828 verfasste der fast 80-jährige Goethe das Gedicht „Dem aufgehenden Vollmonde". Er befand sich auf den Dornburger Schlössern und schrieb am 28. 08. in sein Tagebuch: „Schöner Aufgang und Fortschritt des Vollmondes".
In diesem Gedicht erinnert sich der Dichter an seine Liebe zu Marianne von Willemer. 1815 gelobten sich diese Frau und Goethe, beim Anblick des aufgehenden Mondes aneinander zu denken.

Marianne von Willemer

Goethe: Aufgehender Mond am Fluss

Dem aufgehenden Vollmonde

Willst du mich sogleich verlassen?
Warst im Augenblick so nah!
Dich umfinstern Wolkenmassen,
Und nun bist du gar nicht da.

Doch du fühlst, wie ich betrübt bin,
Blickt dein Rand herauf als Stern!
Zeugest mir, dass ich geliebt bin,
Sei das Liebchen noch so fern.

So hinan denn! hell und heller,
Reiner Bahn, in voller Pracht!
Schlägt mein Herz auch schmerzlich schneller,
Überselig ist die Nacht.

Aufgabe

1. Arbeitet detailliert heraus, wie der Mond in den einzelnen Versen dieses Gedichts beschrieben wird und welche Wirkung dies jeweils auf das lyrische Ich hat.
2. Äußert euch zur Beziehung Mensch-Gestirn/Natur, wie sie der alte Goethe hier sieht.
3. Vergleicht dieses Mondlied mit den Mondgedichten der frühen Weimarer Jahre bzw. mit dem in Leipzig entstandenen.

Goethe: Aufgehender Mond

Zwei Frauen – zwei Gedichte

Ich seh dich schlummern, Schöne,
Vom Auge rinnt
Mir eine süße Träne
Und macht mich blind.
Wer kann es fühllos sehen,
Wer wird nicht heiß,
Und wär er von den Zehen
Zum Kopf von Eis!

Die Nachtigall im Schlafe
Hast du versäumt,
So höre nun zur Strafe,
Was ich gereimt.
Schwer lag auf meinem Busen
Des Reimes Joch:
Die schönste meiner Musen,
Du, schliefst ja noch.

Herz, mein Herz, was soll das geben,
Was bedränget dich so sehr?
Welch ein fremdes neues Leben –
Ich erkenne dich nicht mehr.
Weg ist alles, was du liebtest,
Weg, worum du dich betrübtest,
Weg dein Fleiß und deine Ruh –
Ach, wie kamst du nur dazu?

Und an diesem Zauberfädchen,
Das sich nicht zerreißen lässt,
Hält das liebe lose Mädchen
Mich so wider Willen fest.
Muss in ihrem Zauberkreise
leben nun auf ihre Weise;
Die Verändrung, ach, wie groß!
Liebe, Liebe, lass mich los!

Erwache, Friederike,
Vertreib die Nacht,
Die einer deiner Blicke
Zum Tage macht.
Der Vögel sanft Geflüster
Ruft liebevoll,
Dass mein geliebt Geschwister
Erwachen soll.

Es zittert Morgenschimmer
Mit blödem Licht
Errötend durch dein Zimmer
Und weckt dich nicht.
Am Busen deiner Schwester,
Der für dich schlagt,
Entschläfst du immer fester,
Je mehr es tagt.

Vielleicht erscheint dir träumend
– O Glück! – mein Bild,
Das halb voll Schlaf und reimend
Die Musen schilt.
Erröten und erblassen
Sieh sein Gesicht:
Der Schlaf hat ihn verlassen,
Doch wacht er nicht.

Fesselt dich die Jugendblüte,
Diese liebliche Gestalt,
Dieser Blick voll Treu und Güte
Mit unendlicher Gewalt?
Will ich rasch mich ihr entziehen,
Mich ermannen, ihr entfliehen,
Führet mich im Augenblick
– Ach – mein Weg zu ihr zurück.

Ist dir dein Wort nicht heilig
Und meine Ruh'?
Erwache! Unverzeihlich –
Noch schlummerst du!
Horch, Philomelens Kummer
Schweigt heute still,
Weil dich der böse Schlummer
Nicht meiden will.

Aufgabe

1. Kombiniere die Strophen, sodass zwei Gedichte entstehen.
   Achte auf den Inhalt und auf das Metrum.

Mond – Nacht – Mondnacht

Aufgabe

1. Schreibe auf, was dir zum Thema Nacht und Mond einfällt.
2. Vergleiche mit einem Freund/einer Freundin. Ergänze im Zweifelsfalle, wenn Aspekte genannt werden, die dir gefallen, aber nur nicht eingefallen sind.
3. Lies die Gedichte Goethes durch und sieh nach, ob sich dort Gedanken wieder finden, die du auch hattest.
4. Suche dir ein Gedicht aus, das dir am besten gefällt. Schreibe in Stichwörtern auf, warum. Bilde mit den Schülerinnen und Schülern, die auch dein Gedicht gewählt haben, eine Gruppe und tauscht euch aus.
5. Welches Gedicht gefällt dir gar nicht, begründe ebenso, warum? (Gruppenbildung wie in 4.)
6. Finde anhand der Jahreszahlen heraus, in welchem Zusammenhang dein Gedicht entstanden ist. (Hamburger Ausgabe Bd. 1)
7. Welche Themen spielen in fast allen Gedichten eine Rolle?
8. Welche Gedichte, welches Gedicht scheint dir anders als die meisten? Was ist daran anders?
9. Kennst du andere Nachtgedichte/-lieder oder Mondgedichte/-lieder? Wie unterscheiden sie sich im Thema?

Fortsetzung auf Seite 64

Fortsetzung von Seite 63

Die Nacht

Gern verlass' ich diese Hütte,
Meiner Schönen Aufenthalt.
Und durchstreich mit leisem Tritte
Diesen ausgestorbnen Wald.
Luna bricht die Nacht der Eichen,
Zephirs melden ihren Lauf,
Und die Birken streun mit Neigen
Ihr den süßten Weihrauch auf.

Schauer, der das Herze fühlen,
Der die Seele schmelzen macht,
Wandelt im Gebüsch im Kühlen.
Welche schöne, süße Nacht!
Freude! Wollust kaum zu fassen!
Und doch wollt ich, Himmel, dir
Tausend deiner Nächte lassen,
Gäb mein Mädchen eine mir.

(1768)

An den Mond

Schwester von dem ersten Licht,
Bild der Zärtlichkeit in Trauer
Nebel schwimmt mit Silberschauer
Um dein reizendes Gesicht.
Deines leisen Fußes Lauf
Weckt aus tagverschlossnen Höhlen
Traurig abgeschiedne Seelen,
Mich und nächt'ge Vögel auf.

Forschend übersieht dein Blick
Eine großgemessne Weite.
Hebe mich an deine Seite.
Gib der Schwärmerei dies Glück!
Und in wollustvoller Ruh
Säh' der weitverschlagne Ritter
Durch das gläserne Gegitter
Seines Mädchen Nächten zu.

Dämmrung, wo die Wollust thront,
Schwimmt um ihre runden Glieder.
Trunken sinkt mein Blick hernieder –
Was verhüllt man wohl dem Mond!
Doch was das für Wünsche sind!
Voll Begierde zu genießen.
So da droben hängen müssen –
Ei, da schielest du dich blind!

(1770)

An den Mond

(Erste Fassung)

Füllest wieder 's liebe Tal
Still mit Nebelglanz,
Lösest endlich auch einmal
Meine Seele ganz.

Breitest über mein Gefild
Lindernd deine Blick
Wie der Liebsten Auge, mild
Über mein Geschick.

Das du so beweglich kennst,
Dieses Herz im Brand,
Haltet ihr wie ein Gespenst
An den Fluss gebannt,

Wenn in öder Winternacht
Er vom Tode schwillt
Und bei Frühlingslebens Pracht
An den Knospen quillt.

Selig, wer sich von der Welt
Ohne Hass verschließt,
Einen Mann am Busen hält
Und mit dem genießt.

Was den Menschen unbewusst
Oder wohl veracht'
Durch das Labyrinth der Brust
Wandelt in der Nacht.

(1776-78)

Dem aufgehenden Vollmonde

Dornburg, 25. August 1828

Willst du mich sogleich verlassen?
Warst im Augenblick so nah!
Dich umfinstern Wolkenmassen,
Und nun bist du gar nicht da.

Doch du fühlst, wie ich betrübt bin,
Blickt dein Rand herauf als Stern!
Zeugest mir, dass ich geliebt bin,
Sei das Liebchen noch so fern.

So hinan denn! hell und heller,
Reiner Bahn, in voller Pracht!
Schlägt mein Herz auch schmerzlich schneller,
Überselig ist die Nacht.

Wanderers Nachtlied

Der du von dem Himmel bist,
Alles Leid und Schmerzen stillest,
Denn der doppelt elend ist,
Doppelt mit Erquickung füllest.
– Ach, ich bin des Treibens müde.
Was soll all der Schmerz und Lust?
Süßer Friede,
Komm, ach komm in meine Brust!

(12. Febr 1776)

Fortsetzung auf Seite 65

Fortsetzung von Seite 64

Mondnacht

Es war, als hätt der Himmel
Die Erde still geküsst,
Dass sie im Blütenschimmer
Von ihm nun träumen müsst.

Die Luft ging durch die Felder,
Die Ähren wogten sacht,
Es rauschten leis die Wälder,
So sternklar war die Nacht.

Und meine Seele spannte
Weit ihre Flügel aus,
Flog durch die stillen Lande,
als flöge sie nach Haus.

Joseph von Eichendorff

Nachtlied

Quellende, schwellende Nacht,
Voll von Lichtern und Sternen:
In den ewigen Fernen,
Sage, was ist da erwacht!

Herz in der Brust wird beengt,
Steigendes, neigendes Leben,
Riesenhaft fühle ich's weben,
Welches das meine verdrängt.

Schlaf, da nahst du dich leis,
Wie dem Kinde die Amme,
Und um die dürftige Flamme
Ziehst du den schützenden Kreis.

Friedrich Hebbel

Der Halbmond glänzet am Himmel,
Und es ist neblicht und kalt.
Gegrüßt sei du Halber dort oben,
Wie du, bin ich einer, der halb.

Halb gut, halb übel geboren,
Und dürftig in beider Gestalt,
Mein Gutes ohne Würde,
Das Böse ohne Gewalt.

Halb schmeckt ich die Freuden des Lebens,
Nichts ganz als meine Reu;
Die ersten Bissen genossen,
Schien alles mir einerlei.

Halb gab ich mich hin den Musen,
Und sie erhörten mich halb;
Hart auf der Hälfte des Lebens
Entflohn sie und ließen mich alt.

Und also sitz ich verdrossen,
Doch lässt die Zersplitterung nach;
Die leere Hälfte der Seele
Verdrängt die noch volle gemach.

Franz Grillparzer

Abendlied

Augen, meine lieben Fensterlein,
Gebt mir schon so lange holden Schein,
Lasset freundlich Bild um Bild herein:
Einmal werdet ihr verdunkelt sein!

Fallen einst die müden Lider zu,
Löscht ihr aus, dann hat die Seele Ruh;
Tastend streift sie ab die Wanderschuh,
Legt sich auch in ihre finstre Truh.

Noch zwei Fünklein sieht sie glimmend stehn,
Wie zwei Sternlein innerlich zu sehn,
Bis sie schwanken und dann auch vergehn,
Wie von eines Falters Flügelwehn.

Doch noch wandl ich auf dem Abendfeld,
Nur dem sinkenden Gestirn gesellt;
Trinkt, o Augen, was die Wimper hält,
Von dem goldnen Überfluss der Welt!

Gottfried Keller

Fieber

Der Vater eines Knaben schreibt um 1780:

Schon am späten Nachmittag war mir die seltsame Mattigkeit meines sonst so lebhaften Sohnes aufgefallen. Seine Augen hatten einen merkwürdig fiebrigen Glanz, seine Wangen waren unnatürlich gerötet. Er klagte über die Kälte des Zimmers, obwohl der Kachelofen heimelige Wärme ausstrahlte, und legte sich, in eine warme Decke gehüllt, auf die Ofenbank, wo er sofort einschlief.

Meine Frau und ich maßen diesem Verhalten zunächst nur wenig Bedeutung bei, war es doch die Jahreszeit für Erkältungskrankheiten aller Art, und Karl war außerdem immer schon ein anfälliges, eher zartes Kind gewesen.

Als er indes nach einer Stunde tiefen Schlafs erwachte und, obgleich er bei vollem Bewusstsein wahr, wähnte, dass die Märchenfiguren, von denen ich ihm tags zuvor vorgelesen hatte, Wirklichkeit wären, da begannen wir an eine ernste Erkrankung zu glauben. Bald machten ihm schon unsere Schatten Angst, die im flackernden Licht der Petroleumlampe an den Wänden tanzten. Er rief um Hilfe, und gleichzeitig umklammerte er, so fest er nur konnte, meinen Arm, die Augen vor Furcht weit aufgerissen. Eng, ganz eng, drängte er sich an mich, sein Puls hüpfte, sein Herz schien ihm aus der Brust springen zu wollen, er fantasierte nur noch und blieb zwischendurch regungslos liegen, schweißgebadet und doch vor Kälte zitternd.

Kurze Zeit später fantasierte er nur noch und sein Herz begann hin und wieder auszusetzen. Wir beide, meine Frau und ich, waren außer uns vor Furcht und konnten keinen klaren Gedanken fassen. Es war mir wie einem, der zusehen muss, wie ihm alles, was er tut, aus den Händen gerissen und zerstört wird, ohne dass er etwas dagegen tun kann. So beschloss ich denn, mein Pferd satteln zu lassen und meinen Sohn trotz seines beklagenswerten Zustandes so schnell wie möglich zum Arzt zu bringen. Warme Decken sollten ihn vor der herbstlichen Kühle und der Feuchtigkeit der Luft schützen.

Der Wind blies Nebelschwaden vom Moor herüber und ein Grauen befiel mich, wie ich es in seiner Unbestimmtheit noch nie verspürt hatte. Ich stieg aufs Pferd, hüllte das todkranke Kind fest in meinen Mantel ein, und los ging's in fliegender Hast zu dem Hof, in dem der Doktor wohnte ...

Aufgabe

Schreibe die Geschichte weiter, als schilderte der Vater den Ritt zum Hof nebst seinen Gefühlen und Gedanken. Du kannst auch wörtliche Rede verwenden.

In einem Zeitungstext heißt es:

Tragischer Kindstod

Tragischer Kindstod

dpa. **Schreckliches Familiendrama in Kieferswalde. Nächtlicher Gewalttritt.**

Schon am Nachmittag hatte das kleine Kind der Familie S., die auf einem abgelegenen Hof lebt, über Übelkeit und Fieber geklagt. Die Eltern reagierten mit Wadenwickeln, doch das Fieber sank nicht, im Gegenteil, das Kind halluzinierte. Wegen des anhaltenden Gewitters waren die Telefonleitungen unterbrochen, der Arzt somit nicht erreichbar, das Auto war in der Werkstatt und so wusste der beherzte Vater keinen anderen Rat, als sich mit dem Kind, das gut in Decken gehüllt wurde, auf sein Reitpferd zu setzen und in die nächste Stadt ins Kreiskrankenhaus zu reiten. Doch dann schlug das Schicksal unerbittlich zu. Kurz vor den Toren der Stadt verstarb das Kind in den Armen des Vaters. Noch bis zum Schluss soll es im Fieber gesprochen haben.

Mit den Eltern trauert die ganze Gegend. Die Mutter erlitt einen Nervenzusammenbruch. ■

Aufgabe

1. Erzähle die Geschichte möglichst lebendig aus der Sicht des Vaters.

2. Wie könnte eine Ballade aussehen, die Goethe über eine derartige Begebenheit schreibt – selbstverständlich zu der Zeit um 1780. Wo wird er Schwerpunkte setzen, welche Perspektive(n) wird er wählen? – Lege ohne Reime dar, was in den einzelnen Strophen seines Gedichts stehen könnte. Was würde er weglassen?

Den „Erlkönig" er-lesen

- Wie viele Personen bräuchte man, um das Gedicht mit verschiedenen Rollen zu sprechen?
- Wie viele Verse gehören jeder dieser Personen?
- Wie sind die Verse verteilt? – Erkennt ihr eine Symmetrie? Versucht den Aufbau des Gedichts zu begründen.
- Versucht das Gedicht zu „er-lesen": Wie sprechen wohl die einzelnen Personen?
- Macht einen weiteren Leseversuch: Das Ge dicht war ursprünglich Teil eines Singspiels, in dem manche Verse simultan gesungen wurden. Lest das Gedicht so, dass sich bei einzelnen Versen zwei Stimmen überlagern. Achtet dabei auf die Lautstärke der Stimmen. Findet ihr, das klingt gut?
- Perspektivenwechsel: Wie viele Verse hört der Vater, wie viele der Sohn? – Könnt ihr euer Ergebnis für eine interpretatorische Aussage nutzen?
- Entwerft eine Spannungskurve des Gedichts. Begründet eure Entscheidungen aber am Text.
- Untersucht den Rhythmus des Gedichts. Woran erinnert er euch?
- Könnt ihr den Tempuswechsel im letzten Vers erklären?

Aufgaben, die über den Text hinausführen

1. Überzeugt euch das Gemälde von Ernst Barlach? – Wie würdet ihr die Szenerie malen?
2. Macht aus dem Text eine dramatische Szene (evtl. mit Hintergrundmusik). Sprecht diese dann auf einen Tonträger.

E. Barlach: Erlkönig (1924)

Fortsetzung auf Seite 69

Erlkönig

J. W. v. Goethe schrieb diese Ballade in Anlehnung an J. G. Herders Übersetzung der dänischen Volksballade „Erlkönigs Tochter“. Im Dänischen ist vom Elfenkönig[1] (Ellerkonge/Ellekogge) die Rede. Herder übersetzte dieses Substantiv fälschlich mit Erlkönig.

Johann Wolfgang von Goethe

Erlkönig

Wer reitet so spät durch Nacht und Wind?
Es ist der Vater mit seinem Kind;
Er hat den Knaben wohl in dem Arm,
Er fasst ihn sicher, er hält ihn warm. –

Mein Sohn, was birgst du so bang dein Gesicht? –
Siehst, Vater, du den Erlkönig nicht?
Den Erlenkönig mit Kron' und Schweif? –
Mein Sohn, es ist ein Nebelstreif. –

„Du liebes Kind, komm, geh mit mir!
Gar schöne Spiele spiel ich mit dir;
Manch bunte Blumen sind an dem Strand;
Meine Mutter hat manch gülden Gewand.“

Mein Vater, mein Vater, und hörest du nicht,
Was Erlenkönig mir leise verspricht? –
Sei ruhig, bleibe ruhig, mein Kind!
In dürren Blättern säuselt der Wind. –

„Willst, feiner Knabe, du mit mir gehn?
Meine Töchter sollen dich warten schön;
Meine Töchter führen den nächtlichen Reihn
Und wiegen und tanzen und singen dich ein.“

Mein Vater, mein Vater, und siehst du nicht dort
Erlkönigs Töchter am düstern Ort? –
Mein Sohn, mein Sohn, ich seh es genau;
Es scheinen die alten Weiden so grau. –

„Ich liebe dich, mich reizt deine schöne Gestalt;
Und bist du nicht willig, so brauch ich Gewalt.“ –
Mein Vater, mein Vater, jetzt fasst er mich an!
Erlkönig hat mir ein Leids getan! –

Dem Vater grauset's, er reitet geschwind,
Er hält in den Armen das ächzende Kind,
Erreicht den Hof mit Mühe und Not;
In seinen Armen das Kind war tot.

Aufgabe

1. Beim nächtlichen Ritt durch die Natur glaubt der Junge verschiedene Gestalten zu sehen und zu hören. Beschreibt oder zeichnet sie.
2. Wie wirken diese Gestalten auf den Jungen, wie auf den Vater?
3. Tragt die Ballade so vor, dass durch Intonation, Lautstärke, Sprechertempo deutlich wird, wer spricht und welche Empfindungen bzw. Reaktionen bei Vater und Sohn ausgelöst werden.
4. Versucht zu erklären, weshalb der Sohn unterwegs stirbt.

[1] Elfen: anmutige weibliche Naturgeister der Märchenpoesie

Erlkönigs Tochter

Johann Gottfried Herder

Erlkönigs Tochter

Herr Oluf reitet spät und weit,
Zu bieten auf seine Hochzeitleut;

Da tanzen die Elfen auf grünem Land,
Erlkönigs Tochter reicht ihm die Hand.

„Willkommen, Herr Oluf! Was eilst von hier?
Tritt her in den Reihen und tanz mit mir."

„Ich darf nicht tanzen, nicht tanzen ich mag,
Frühmorgen ist mein Hochzeittag."

„Hör an, Herr Oluf, tritt tanzen mit mir,
Zwei güldne Sporne schenk ich dir.

Ein Hemd von Seide so weiß und fein,
Meine Mutter bleicht's mit Mondenschein."

„Ich darf nicht tanzen, nicht tanzen ich mag,
Frühmorgen ist mein Hochzeittag."

„Hör an, Herr Oluf, tritt tanzen mit mir,
Einen Haufen Goldes schenk ich dir."

„Einen Haufen Goldes nähm ich wohl;
Doch tanzen ich nicht darf noch soll."

„Und willt, Herr Oluf, nicht tanzen mit mir,
Soll Seuch und Krankheit folgen dir."

Sie tät einen Schlag ihm auf sein Herz,
Noch immer fühlt er solchen Schmerz.

Sie hob ihn bleichend auf sein Pferd:
„Reit heim nun zu dein'm Fräulein wert."

Und als er kam vor Hauses Tür,
Seine Mutter zitternd stand dafür.

„Hör an, mein Sohn, sag an mir gleich,
Wie ist dein' Farbe blass und bleich?"

„Und sollt sie nicht sein blass und bleich,
Ich traf in Erlenkönigs Reich."

„Hör an, mein Sohn, so lieb und traut,
Was soll ich nun sagen deiner Braut?"

„Sagt ihr, ich sei im Wald zur Stund,
Zu proben da mein Pferd und Hund."

Frühmorgen und als es Tag kaum war,
Da kam die Braut mit der Hochzeitschar.

Sie schenkten Met, sie schenkten Wein;
„Wo ist Herr Oluf, der Bräutigam mein?"

„Herr Oluf, er ritt in Wald zur Stund,
Er probt allda sein Pferd und Hund."

Die Braut hob auf den Scharlach rot,
Da lag Herr Oluf und er war tot.

Aufgabe

1. Erzähle die Handlung dieser Ballade nach.
2. Vergleicht sie mit der von Goethe. Geht besonders darauf ein,
   - was der Anlass für den nächtlichen Ritt ist,
   - welche Figuren hier auftreten,
   - was sie versprechen,
   - warum der Herr Oluf stirbt.
3. Statt der Vermählungsanzeige findet man an einem der nächsten Tage die Todesnachricht des Herrn Oluf in der Zeitung. Formuliere sie.

Erlkönig in Stein

In der Saaleaue zwischen Jena und Kunitz steht die unten abgebildete Monumentalskulptur des Erlkönigs. Unterhalb des Schlosses Thalstein ließ Wolf von Tümpling im Jahre 1877 zu Ehren Goethes die Skulptur errichten. Die ursprünglich von Th. Wolff in Holz ausgeführte Plastik wurde 1893 von dem Bildhauer Späte in Stein übertragen. Es wird berichtet, dass Goethe hier während seiner Spaziergänge die Anregung zu seinem „Erlkönig" erhielt. Wenn die Nebel im Saaletal auf und ab wallten, tauchten die Umrisse der Erlen und Weiden schemenhaft aus dem Nebelmeer hervor.

Aufgabe

1. Entspricht diese Darstellung des Erlkönigs deinen Vorstellungen? Begründe.

Der sächsische Erlkönig

Den „Erlkönig" gibt es auch in ganz anderer Form. In Sachsen findet man z. B. dieses Gedicht.

Der Erlgeenich

Ä Babba, där reidet mit Gustav, sein Sohn,
Seit anderthalb Schtunden dorchs Rosendahl schon.
Dr Doktor, der hatn Bewäächung emfohln,
Die will sich dr Alde nu jede Nacht holn.
Sei Gleener wärd ängstlich un meent: „Gugge da,
Dr Erlgeenich schbukt dort, schon gommtr ganz nah!"
„Ächa, dummes Gind", brillt dr Babba zurick,
„De bist ähm schon schläfrich, da flimmert dr Blick."
„Ich sähn awer doch, dorten feixtr im Busche,
Äs Mondlicht, das fälltn diräkt uff de Gusche."
„Ich weeß gar nicht, Gustav, was du heite hast,
Das is weiter nischt wie ä schimmlicher Ast."
„Nee, nee, gannst mrsch gloom, 's is ä Gärl un drhinter
Da schwähm seine Dechter. Verbibbch, sin das Ginder!
De eene, die winkt mitn Schnubbduch un lacht,
Ach Babba, is das änne gomische Nacht!"
Dr Alde wärd ärcherlich, reidet wie dumm
Un meent zu sein Jung: „Gugg dich bloß nich mähr um!
De schteckst een ja dadsächlich an mit dein Bleedsinn.
Wie gann bloß ä neinjährches Gind so verdreht sin!"
Un doller noch reidet dr Babba drufflos,
Wild fliechen de Fätzen von Aerde un Moos,
Dr Gaul schnauft wie närrsch, wärft de Mähne gen Himmel
Un denkt: Was mei Reider is, där hat ä Fimmel! –
Na endlich da landense, 's wärd schon bald helle.
Dr Alde greift hinter sich – läär is de Schtelle.
Da ruftr un gratzt sich drbei hintern Ohrn:
„So 's richtch, jetz habbch Gustaven glicklich verlorn!"

Aufgabe

1. Stellt die wichtigsten Unterschiede zur Goethe-Fassung heraus.
2. Rezitiert in Mundart.
3. Versucht einige Verse in Jugendsprache umzuschreiben und tragt sie vor.

(Wandrers Nachtlied) Ein Gleiches

(Wandrers Nachtlied) Ein Gleiches

Über allen Gipfeln
Ist Ruh,
In allen Wipfeln
Spürest du
Kaum einen Hauch;
Die Vögelein schweigen im Walde.
Warte nur, balde
Ruhest du auch.

Dieses Gedicht schrieb Goethe 1780 mit 31 Jahren auf eine Bretterwand in einer kleinen Jagdhütte bei Ilmenau. Für kaum ein anderes Gedicht gibt es so viele Umdichtungen wie für „Wandrers Nachtlied“.

Eine besonders bei Schülern, bekannte Umdichtung lautet:

Über allen Bänken ist Ruh.
In allen Reihen
Spürest du
Kaum einen Hauch;
Die Schüler schweigen im Schlafe
Warte nur. Pauker, balde
Pennest du auch.

Aufgabe

Vergleiche „das Schülergedicht“ mit dem Original von Goethe und schreibe es um in „Das Lehrergedicht“.

Das Gedicht ist natürlich auch in andere Sprachen übersetzt worden. So ist diese Variante entstanden, als „Wandrers Nachtlied“ ins Japanische, von dort ins Französische und wieder zurück ins Deutsche übersetzt wurde.

Stille ist im Pavillon aus Jade,
Krähen fliegen stumm
Zu beschneiten Kirschbäumen im Mondlicht;
Ich sitze
und weine.

Aufgabe

Schreibe auf, wie das Gedicht wohl lauten würde, wenn es statt der japanischen z. B. eine spanische, türkische, amerikanische, afrikanische oder grönländische Variante des Originalgedichtes geben würde.

Auch die Werbung hat „Wandrers Nachtlied“ für ihre Zwecke zu nutzen gewusst. So z. B. diese zwei Werbesprüche:

Über allen Räumen ist Ruh,
Vom Waschtag spürest du
Kaum einen Hauch!
Warte nur, balde ...
Rumplext du auch!

Über allen Wipfeln ist Ruh.
Warte nur, balde ruhest auch du,
Und fröhlich erhebst du am Morgen dich immer
In dem von „Geburth“ durchwärmten Zimmer.

Aufgabe

Versuche herauszufinden, für welche Produkte hier geworben wurde, und überlege dir selbst einen Werbetext in Anlehnung an „Wandrers Nachtlied“ für eines der folgenden Produkte: Zahncreme, Kartoffelchips, Telefonanbieter, Autos oder Reiseunternehmer.

Lynkeus der Türmer

– auf der Schlosswarte singend –

Zum Sehen geboren,
Zum Schauen bestellt,
Dem Turme geschworen,
Gefällt mir die Welt.
Ich blick in die Ferne,
Ich seh in der Näh'
Den Mond und die Sterne,
Den Wald und das Reh.
So seh ich in allen
Die ewige Zier,
Und wie mir's gefallen,
Gefall ich auch mir.
Ihr glücklichen Augen,
Was je ihr gesehn,
Es sei, wie es wolle,
Es war doch so schön!

Lynkeus (griech. „ganz Auge") ist ein Held aus der griechischen Sagenwelt. In Goethes „Faust", im 2. Teil der Tragödie, lässt der Dichter den „scharfäugigen Türmer" auftreten.

Während der unermüdlich *tätige* Doktor Faustus die Natur durch seine Eingriffe verändert, besingt der *betrachtende* Turmwächter ihre Schönheit.

Aufgabe

1. Unterstreiche die Verse, die den Türmer als Betrachter charakterisieren, schwarz – und die Verse, die die betrachteten Gegenstände und Erscheinungen nennen, rot.
2. In Wörterbüchern werden die Begriffe „sehen", „schauen", „blicken" erklärt und gegeneinander abgegrenzt:
   sehen: mit dem Gesichtssinn wahrnehmen, unterscheiden, entdecken, bemerken ...
   schauen: prüfendes Blicken, besichtigen, überprüfen, ansehen, betrachten ...
   blicken: kurzes Hinschauen, Rundblick, Ausblick ...
   Überprüfe anhand dieser Worterklärungen, ob Goethe die Berufstätigkeiten des Türmers zutreffend beschrieben hat.
3. Wie denkt ihr über das Weltbild und die Weltansicht, die in diesem Gedicht dargestellt werden?
4. Kennzeichne die Vortragsweise des Gedichtes (Betonung, Pausen, Stimmführung ...), präge es dir ein und trage es vor.

In der Versschmiede – Wir parodieren ein Gedicht

Eine Parodie ist eine komisch-satirisch übertreibende Nachahmung eines literarischen Werkes. Sie übernimmt die Form des Originals und füllt sie mit einem anderen Inhalt.

„Parodie“ kommt aus dem Griechischen („parodia“) und bedeutet „Nebengesang“.

Gesang

Lied des Türmers

– Johann Wolfgang Goethe –

Zum Sehen geboren,
zum Schauen bestellt,
dem Turme geschworen,
gefällt mir die Welt.
Ich blick in die Ferne,
ich seh in der Näh'
den Mond und die Sterne,
den Wald und das Reh.
So seh ich in allen
die ewige Zier,
und wie mir's gefallen,
gefall ich auch mir.
Ihr glücklichen Augen,
was je ihr gesehn,
es sei, wie es wolle,
es war doch so schön!

Nebengesang

Lied des Diskjockeys

– Harry Hurtig –

Zum Hören geboren,
zum Sprechen bestellt,
der Disko geschworen,
gefällt mir die Welt.
Ich lausch in die Ferne,
ich hör in der Näh’
Musik der Moderne,
von Rex Gildo den Schmäh
So hör ich in allen
ein Lied mit Geräusch,
und wie mir’s gefallen,
gefall es auch euch.
Ihr glücklichen Ohren,
was je ihr gehört,
es geht alles verloren
wenn der Hörnerv zerstört

Aufgabe

1. Lest das Original von Goethes Türmerlied und die Parodie darauf.
2. Versucht euch in Parodien mit Themen, die euch interessieren.

Lied des Strebers

Zum Lernen geboren,
zum Pauken bestellt,
der Schule verschworen,
gefällt mir die Welt.
usw.
usw.

Lied des Mofafahrers

Zum Fahren geboren,
zum Rasen bestellt,
usw.
usw.

Lied der Faulpelze

Zum Faulsein geboren,
zum Nichtstun bestellt,
dem Schwänzen verschworen,
gefällt mir die Welt.
usw.
usw.

Oder habt ihr eine ganz andere Idee? Frei nach Goethe!

Prometheus

Prometheus

Bedecke deinen Himmel, Zeus,
Mit Wolkendunst!
Und übe, Knaben gleich,
Der Disteln köpft,
An Eichen dich und Bergeshöhn!
Musst mir meine Erde
Doch lassen stehn,
Und meine Hütte,
Die du nicht gebaut,
Und meinen Herd,
Um dessen Glut
Du mich beneidest.

Ich kenne nichts Ärmer's
Unter der Sonn' als euch Götter.
Ihr nähret kümmerlich
Von Opfersteuern
Und Gebetshauch
Eure Majestät
Und darbtet, wären
Nicht Kinder und Bettler
Hoffnungsvolle Toren.

Da ich ein Kind war,
Nicht wusst', wo aus, wo ein,
Kehrte mein verirrtes Aug'
Zur Sonne, als wenn drüber wär
Ein Ohr, zu hören meine Klage,
Ein Herz wie meins,
Sich des Bedrängten zu erbarmen.

Wer half mir wider
Der Titanen Übermut?
Wer rettete vom Tode mich,
Von Sklaverei?
Hast du's nicht alles selbst vollendet,
Heilig glühend Herz?
Und glühtest, jung und gut,
Betrogen, Rettungsdank
Dem Schlafenden da droben?

Ich dich ehren? Wofür?
Hast du die Schmerzen gelindert
Je des Beladenen?
Hast du die Tränen gestillet
Je des Geängsteten?

Hat nicht mich zum Manne geschmiedet
Die allmächtige Zeit
Und das ewige Schicksal
Meine Herrn und deine?

Wähntest du etwa,
Ich sollte das Leben hassen,
In Wüsten fliehn,
Weil nicht alle Knabenmorgen-
Blütenträume reiften?

Hier sitz' ich, forme Menschen
Nach meinem Bilde,
Ein Geschlecht, das mir gleich sei,
Zu leiden, weinen,
Genießen und zu freuen sich,
Und dein nicht zu achten,
Wie ich.

Aufgabe

1. Lies das Gedicht leise durch.
2. Kläre den Inhalt, indem du Fragen zum Verständnis stellst.
3. Bereite das Gedicht für einen ausdrucksstarken Vortrag vor: Setze einen Schrägstrich (/), wo du eine Pause machen willst. Unterstreiche die Wörter, die du besonders betonen willst. Überlege, ob du den Vortrag an einigen Stellen durch Mimik oder Gestik unterstützen willst. Markiere auch dieses.

Prometheus

Prometheus

Bedecke deinen Himmel, Lehrer,
Mit Zigarettendunst
Und übe, dem Knaben gleich,
der Disteln köpft,
An Klausuren dich und Arbeiten;
Musst mir meine Vier
Doch lassen stehn
Und meine Fünf, die du nicht gebaut.
Und meinen Aufsatz,
Um dessen Glut
Du mich beneidest.

Ich kenne nichts Ärmeres
Unter der Sonn als euch, Lehrer!
Ihr nähret kümmerlich
Von Strebern
Und Vergebungshauch
Eure Majestät
Und darbtet, wären
Nicht wir Schüler
Hoffnungsvolle Toren.

Da ich ein Grundschüler war,
Nicht wusste, wo aus noch ein,
Kehrt' ich mein verirrtes Auge
Zum Pult, als wenn drüber wär
Ein Ohr, zu hören meine Klage,
Ein Herz wie meins,
Sich des Bedrängten zu erbarmen.

Wer half mir
Wider der Pauker Übermut;
Wer rettete vom Tode mich,
Vom Sitzenbleiben?
Hast du nicht alles selbst vollendet,
Heilig glühend Herz?
Und glühtest, jung und gut,
Betrogen, Rettungsdank
Dem Schlafenden da vorne?

Ich dich ehren? Wofür?
Hast du die Schmerzen gelindert
Je des Beladenen?
Hast du die Tränen gestillet
Je des Abiturienten?

Hat nicht mich zum Menschen geschmiedet
Die allmächtige Zeit
Und das ewige Schicksal
Meine Herren und deine?

Wähntest du etwa,
Ich sollte das Leben hassen,
in die Gesamtschule fliehen,
Weil nicht alle Zeugnisträume reiften?

Hier sitze ich, mal Männchen
In mein Lateinbuch,
Ein Geschlecht, das mir gleich sei.
Zu schwänzen, zu schwatzen,
Zu genießen und zu freuen sich,
und dein nicht zu achten,
Wie ich!

Gesa Gottschalk (16)

Aufgabe

1. Lies jetzt Gesas Gedicht und trage es ebenso vor.
2. Was hat Gesa verändert und wie hat sich die Aussage des Gedichts verändert?
3. Schreibt einen Prosatext, eine Szene oder auch eine Parodie zu Goethes Gedicht.

Lösungen

zu S. 6–7, Unterwegs sein oder zu Hause bleiben

Erinnerung
Willst du immer weiter schweifen?
Sieh, das Gute liegt so nah.
Lerne nur das Glück ergreifen,
denn das Glück ist immer da.

Wanderlied
Bleibe nicht am Boden heften,
Frisch gewagt und frisch hinaus!
Kopf und Arm mit heitern Kräften,
überall sind sie zu Haus.
Wo wir uns der Sonne freuen,
sind wir jede Sorge los;
dass wir uns in ihr zerstreuen,
darum ist die Welt so groß.

zu S. 8, „Fünf Dinge" – ein Suchspiel

Was verkürzt die Zeit?
Tätigkeit.
Was macht sie unerträglich lang?
Müßiggang.
Was bringt in Schulden?
Harren und dulden.
Was macht gewinnen?
Nicht lange besinnen.
Was bringt zu Ehren?
Sich wehren.

zu S. 9, 12 Balladen – ein Suchspiel

Der Schatzgräber
Der Sänger
Totentanz
Der getreue Eckhart
Hochzeitslied
Der König in Thule
Erlkönig
Johanna Sebus
Die wandelnde Glocke
Der Zauberlehrling
Heidenröslein
Der Fischer

zu S. 10, Buchstabengitter

Wilhelm Meisters Lehrjahre (Drama)
Hermann und Dorothea (Versepos)
Die Leiden des Jungen Werthers (Roman)
Faust (Drama)
Torquato Tasso (Drama)
Goetz von Berlichingen (Drama)
Iphigenie auf Tauris (Drama)
Stella (Drama)
Die Wahlverwandtschaften (Roman)
Egmont (Drama)
Clavigo (Drama)

zu S. 11, Fabellabyrinth

Ein großer Teich war zugefroren,
die Fröschlein, in der Tiefe verloren,
durften nicht ferner quaken noch springen,
versprachen sich aber im halben Traum,
fänden sie nur da oben Raum,
wie Nachtigallen wollten sie singen.
Der Tauwind kam, das Eis zerschmolz,
nun ruderten sie und landeten stolz
und saßen am Ufer weit und breit
und quakten wie vor alter Zeit.

zu S. 12, Anekdoten rund um Goethe

Eine Anekdote ist eine kurze witzige Erzählung über eine bekannte Persönlichkeit. Die erzählte Begebenheit ist zwar nicht beglaubigt, aber die Persönlichkeit ist treffend charakterisiert.

zu S. 14, Schattenriss

zu S. 22–24, Stationen im Leben des Johann Wolfgang von Goethe

Götz von Berlichingen (Drama)
Heidenröslein (Gedicht)
Die Leiden des jungen Werthers (Briefroman)
Prometheus (Gedicht)
Urfaust (Drama)
Wanderers Nachtlied (Gedicht)
Iphigenie auf Tauris (Drama)
Ein Gleiches (Gedicht)
Der Erlkönig (Ballade)
Wilhelm Meisters theatralische Sendung (Roman)
Das Göttliche (Gedicht)
Egmont (Drama)
Grenzen der Menschheit (Gedicht)
Die Metarmorphosen der Pflanzen (wissenschaftl. Abhandlung)
Torquato Tasso (Drama)
Faust. Ein Fragment (Drama)
Reineke Fuchs (Fabel)
Römische Elegien (Gedichte)
Wilhelm Meisters Lehrjahre (Roman)
Balladen
Faust I (Drama)
Die Wahlverwandtschaften (Roman)
Die Farbenlehre (wissenschaftl. Abhandlung)
Aus meinem Leben (autobiografische Texte)
Gefunden (Gedicht)
Westöstlicher Diwan (Gedicht)
Wilhelm Meisters Wanderjahre (Roman)
Faust. Zweiter Teil (Drama)

zu S. 26–28, Johann Wolfgang von Goethe

Kätchen Schönkopf, Goethe war 16;
Friederike Brion, Goethe war 21;
Charlotte Buff, Goethe war 23;
Verlobung mit Anna Elisabeth Schönemann im Alter von 25;
Charlotte von Stein, Goethe war 26;
Christiane Vulpius, Goethe war 39;
Marianne von Willemer, Goethe war 65;
Ulrike von Levetzow (18), Goethe war 74.

zu S. 38, Geflügelte Worte

Wer immer strebend sich bemüht,
den können wir erlösen.

Der Worte sind genug gewechselt,
lass mich auch endlich Taten sehn.

Ein Mann, der recht zu wirken weiß,
der muss auf gutes Werkzeug halten.

Was man nicht weiß, das eben brauchte man,
und was man weiß, kann man nicht brauchen.

Was glänzt, ist für den Augenblick geboren,
das Echte bleibt der Nachwelt unverloren.

Nur wer die Sehnsucht kennt,
weiß, was ich leide.

Die ich rief, die Geister,
werd ich nun nicht los.

Ein guter Mensch in seinem dunklen Drange
ist sich des rechten Weges wohl bewusst.

Was man schwarz auf weiß besitzt,
kann man getrost nach Hause tragen.

Wer sich nicht selber befiehlt,
bleibt immer ein Knecht,

Willst du immer weiter schweifen?
Sieh, das Gute liegt so nah!

zu S. 40, Ginkgo biloba

Dieses Baums Blatt, der von Osten
Meinem Garten anvertraut,
Gibt geheimen Sinn zu kosten,
Wie's den Wissenden erbaut.

Ist es ein lebendig Wesen,
Das sich in sich selbst getrennt?
Sind es zwei, die sich erlesen,
Dass man sie als eines kennt?

Solche Fragen zu erwidern
Fand ich wohl den rechten Sinn,
Fühlst du nicht an meinen Liedern,
Dass ich eins und doppelt bin?

zu S. 41, Einschränkung

Ich weiß nicht, was mir hier gefällt,
In dieser engen kleinen Welt
Mit holdem Zauberband mich hält.
Vergess' ich doch, vergess' ich gern,
Wie seltsam mich das Schicksal leitet;
Und ach, ich fühle, nah und fern
Ist mir noch manches zubereitet.
O wäre doch das rechte Maß getroffen!
Was bleibt mir nun, als eingehüllt,
Von holder Lebenskraft erfüllt,
In stiller Gegenwart die Zukunft zu erhoffen!

zu S. 42, Die wandelnde Glocke

Es war ein Kind, das wollte nie
Zur Kirche sich bequemen
Und Sonntags fand es stets ein Wie,
Den Weg ins Feld zu nehmen.

Die Mutter sprach: Die Glocke tönt,
und so ist dir's befohlen,
Und hast du dich nicht hingewöhnt;
Sie kommt und wird dich holen.

Das Kind denkt: die Glocke hängt
Da droben auf dem Stuhle.
Schon hat's den Weg ins Feld gelenkt,
Als lief es aus der Schule.

Die Glocke tönt nicht mehr,
Die Mutter hat gefackelt.
Doch welch ein Schrecken! Hinterher
Die Glocke kommt gewackelt.

Sie wackelt schnell, man glaubt es kaum;
Das arme Kind im Schrecken
Es läuft, es kommt als wie im Traum;
Die Glocke wird es decken.

Doch nimmt es richtig seinen Husch,
und mit gewandter Schnelle
Eilt es durch Anger, Feld und Busch
Zur Kirche, zur Kapelle.

Und jeden Sonn- und Feiertag
Gedenkt es an den Schaden,
Lässt durch den ersten Glockenschlag,
Nicht in Person sich laden.

zu S. 43, Es war ein König in Thule

Es war ein König in Thule
gar treu bis an das Grab,
dem sterbend seine Buhle
einen goldnen Becher gab.

Es ging ihm nichts darüber,
er leert' ihn jeden Schmaus;
die Augen gingen ihm über,
sooft er trank daraus.

Und als er kam zu sterben,
zählt' er seine Städt' im Reich,
gönnt' alles seinen Erben,
den Becher nicht zugleich.

Er saß beim Königsmahle,
die Ritter um ihn her,
auf hohem Vätersaale,
dort auf dem Schloss am Meer.

Dort stand der alte Zecher,
trank letzte Lebensglut,
und warf den heilgen Becher
hinunter in die Flut.

Er sah ihn stürzen, trinken
und sinken tief ins Meer.
Die Augen täten ihm sinken;
trank nie einen Tropfen mehr.

zu S. 47, Willkommen und Abschied

Es schlug mein Herz, geschwind zu Pferde!
Es war getan fast eh' gedacht,
Der Abend wiegte schon die Erde,
Und an den Bergen hing die Nacht:
Schon stand im Nebelkleid die Eiche,
Ein aufgetürmter Riese, da,
Wo Finsternis aus dem Gesträuche
Mit hundert schwarzen Augen sah.

Der Mond von einem Wolkenhügel
Sah kläglich aus dem Duft hervor,
Die Winde schwangen leise Flügel,
Umsausten schauerlich mein Ohr;
Die Nacht schuf tausend Ungeheuer,
Doch frisch und fröhlich war mein Mut:
In meinen Adern, welches Feuer!
In meinem Herzen, welche Glut!

Dich sah ich, und die milde Freude
Floss von dem süßen Blick auf mich,
Ganz war mein Herz an deiner Seite,
Und jeder Atemzug für dich.
Ein rosenfarbnes Frühlingswetter
Umgab das liebliche Gesicht,
Und Zärtlichkeit für mich – ihr Götter!
Ich hofft' es, ich verdient es nicht!

Doch ach! schon mit der Morgensonne
Verengt der Abschied mir das Herz:
In deinen Küssen, welche Wonne!
In deinem Auge, welcher Schmerz!
Ich ging, du standst und sahst zur Erden
Und sahst mir nach mit nassem Blick:
Und doch, welch Glück, geliebt zu werden!
Und lieben, Götter, welch ein Glück!

zu S. 50–51, Der Zauberlehrling

Hat der alte Hexenmeister
Sich doch einmal wegbegeben!
Und nun sollen seine Geister
Auch nach meinem Willen leben!
Seine Wort' und Werke
Merkt' ich und den Brauch,
Und mit Geistesstärke
Tu ich Wunder auch.

Walle! walle
Manche Strecke,
Dass, zum Zwecke,
Wasser fließe
Und mit reichem, vollem Schwalle
Zu dem Bade sich ergieße.

Und nun komm, du alter Besen!
Nimm die schlechten Lumpenhüllen!
Bist schon lange Knecht gewesen;
Nun erfülle meinen Willen!
Auf zwei Beinen stehe,
Oben sei ein Kopf,
Eile nun und gehe
Mit dem Wassertopf!

Walle! walle
Manche Strecke,
Dass, zum Zwecke,
Wasser fließe
Und mit reichem, vollem Schwalle
Zu dem Bade sich ergieße.

Seht, er läuft zum Ufer nieder;
Wahrlich! ist schon an dem Flusse,
Und mit Blitzesschnelle wieder
Ist er hier mit raschem Gusse.
Schon zum zweiten Male!
Wie das Becken schwillt!
Wie sich jede Schale
Voll mit Wasser füllt!

Stehe! stehe!
Denn wir haben
Deiner Gaben
Vollgemessen! –
Ach, ich merk es! Wehe! wehe!
Hab ich doch das Wort vergessen!

Ach, das Wort, worauf am Ende
Er das wird, was er gewesen.
Ach, er läuft und bringt behände!
Wärst du doch der alte Besen!
Immer neue Güsse
Bringt er schnell herein,
Ach! und hundert Flüsse
Stürzen auf mich ein.

Nein, nicht länger
Kann ich's lassen;
Will ihn fassen.
Das ist Tücke!
Ach! nun wird mir immer bänger!
Welche Miene! welche Blicke!

O du Ausgeburt der Hölle!
Soll das ganze Haus ersaufen?
Seh ich über jede Schwelle
Doch schon Wasserströme laufen.
Ein verruchter Besen,
Der nicht hören will!
Stock, der du gewesen,
Steh doch wieder still!
Willst's am Ende
Gar nicht lassen?
Will dich fassen,
Will dich halten,
Und das alte Holz behände
Mit dem scharfen Beile spalten.

Seht, da kommt er schleppend wieder!
Wie ich mich nun auf dich werfe,
Gleich, o Kobold, liegst du nieder;
Krachend trifft die glatte Schärfe!
Wahrlich, brav getroffen!
Seht, er ist entzwei!
Und nun kann ich hoffen,
Und ich atme frei!

Wehe! wehe!
Beide Teile
Stehn in Eile
Schon als Knechte
Völlig fertig in die Höhe!
Helft mir, ach! ihr hohen Mächte!

Und sie laufen! Nass und nässer
Wird's im Saal und auf den Stufen.
Welch entsetzliches Gewässer!
Herr und Meister! hör mich rufen! –
Ach, da kommt der Meister!
Herr, die Not ist groß!
Die ich rief, die Geister,
Werd ich nun nicht los.

„In die Ecke,
Besen! Besen!
Seid's gewesen!
Denn als Geister
Ruft euch nur, zu diesem Zwecke,
Erst hervor der alte Meister."

zu S. 62, Zwei Frauen – zwei Gedichte

Neue Liebe, neues Leben siehe S. 57

Erwache, Friederike,
Vertreib die Nacht,
Die einer deiner Blicke
Zum Tage macht
Der Vögel sanft Geflüster
Ruft liebevoll,
Dass mein geliebt Geschwister
Erwachen soll.
Ist dir dein Wort nicht heilig
Und meine Ruh?
Erwache! Unverzeihlich –
Noch schlummerst du!
Horch, Philomelens Kummer
Schweigt heute still,
Weil dich der böse Schlummer
Nicht meiden will.
Es zittert Morgenschimmer
Mit blödem Licht
Errötend durch dein Zimmer
Und weckt dich nicht.
Am Busen deiner Schwester,
Der für dich schlagt,
Entschläfst du immer fester,
je mehr es tagt.

Ich sehdich schlummern, Schöne,
Vom Auge rinnt
Mir eine süße Träne
Und macht mich blind.
Wer kann es fühllos sehen,
Wer wird nicht heiß,
Und wär er von den Zehen
Zum Kopf von Eis!

Vielleicht erscheint dir träumend
– O Glück! – mein Bild,
Das halb voll Schlaf und reimend
Die Musen schilt.
Erröten und erblassen
Sieh sein Gesicht:
Der Schlaf hat ihn verlassen,
Doch wacht er nicht.

Die Nachtigall im Schlafe
Hast du versäumt,
So höre nun zur Strafe,
Was ich gereimt.
Schwer lag auf meinem Busen
Des Reimes Joch:
Die schönste meiner Musen,
Du, schliefst ja noch.